Christen in Europa

Veröffentlichungen der
Katholischen Sozialwissenschaftlichen Zentralstelle
Mönchengladbach

Christen in Europa

Zwischen marxistischer Reaktion und demokratischer Freiheit

Herausgegeben von
Anton Rauscher

Verlag J. P. Bachem in Köln

1977

Druck: W. Gottschalk & Söhne GmbH, Köln
Printed in Germany
ISBN 3-7616-0481-5

Inhalt

Vorwort

Mit den Direktwahlen zum Europäischen Parlament wird ein neues Kapitel im Geschichtsbuch dieses Kontinents aufgeschlagen. Bisher wurden die politischen Entscheidungen in der Europäischen Gemeinschaft in zähem Ringen zwischen den Regierungen ausgehandelt, wobei die Brüsseler Institutionen im Grunde nur eine Verwaltungskompetenz besitzen. Das Parlament in Straßburg, das von den Volksvertretungen der einzelnen Länder beschickt wurde, aber keine unmittelbare Legitimation durch die Bürger hatte, führte nur ein Schattendasein. Künftig wird dies anders werden. Das Europäische Parlament wird mehr und mehr eine eigenständige Rolle spielen und längerfristig durch die Gesetzgebung die Gestalt Europas bestimmen. Damit werden aber auch zunehmend die Entscheidungen über die Grundlagen und Ziele, über die Mittel und Wege des Zusammenlebens der Menschen in Europa auf diese Bühne verlagert. Die Parteien bereiten sich darauf vor, in diesem neuen Kraftzentrum der politischen Willensbildung ihre Vorstellungen zur Geltung zu bringen.
Wird das künftige Europa auf jenen Werten aufbauen, die seine zweitausendjährige christliche Geschichte geprägt haben? Und werden die vielfältigen Probleme, vor denen wir stehen, so gelöst werden, wie es das vom Glauben bezeugte christliche Menschen- und Gesellschaftsverständnis fordert? Diese Fragen können die Christen nicht gleichgültig lassen. Dies um so weniger, als heute ideologische Mächte um die Vorherrschaft in Europa kämpfen. Damit ist nicht nur das Spannungsverhältnis gemeint, das zwischen den freiheitlichen Ländern in Mittel- und Westeuropa und den sozialistischen Ländern Osteuropas besteht. Unübersehbar ist dabei auch der missionarische Drang des Kommunis-

mus, seine Ideologie und seine Machtstrukturen über ganz Europa auszubreiten. Vor allem aber sind es die unter der Maxime des »Eurokommunismus« vorstoßenden Bewegungen, insbesondere in den romanischen Ländern, die im Europäischen Parlament alle Anstrengungen unternehmen werden, um Europa in ihrem Sinne zu verändern und auch jene Länder allmählich in den Griff zu bekommen, die bisher der marxistischen Ideologie widerstanden haben.
Die Katholische Sozialwissenschaftliche Zentralstelle veranstaltete im Juni 1978 in Mönchengladbach eine Tagung, die sich mit der Situation der Christen in Europa befaßte. Der Untertitel markiert die Kernfrage, vor der Europa steht. Der hier vorgelegte Band enthält die Referate und einen kurzen Diskussionsbericht.
Ich danke allen, die zum Gelingen der Tagung beigetragen haben, sowie dem Verlag J.P. Bachem für die verlegerische Betreuung des Berichtsbandes.

Anton Rauscher

Günter Rohrmoser

Die Kulturrevolution in Europa*

Der Begriff der Kulturrevolution stößt auf eine außerordentliche Irritation und begegnet einem weitverbreiteten Unverständnis. Er kann auf Prozesse und Verhältnisse in unserem Lande nur angewandt werden, wenn wir darunter nicht eine einmalige Aktion, eine klare, präzise Programmatik verstehen, sondern wenn wir unter Kulturrevolution – und das ist von entscheidender Bedeutung – einen Prozeß verstehen, der langfristig über viele Phasen und kleinere kaum bemerkbare Schritte ablaufen soll. Der Ort in der Gesellschaft, dessen Bestimmung es ist, dem kulturrevolutionären Prozeß als Anlaß und Grund seiner Ermöglichung zu dienen, sind die Institutionen, die wir in Erinnerung an die Bildungstradition des 19. Jahrhunderts die »kulturellen Institutionen« nennen. In diesem Zusammenhang ist an alle die Institutionen zu denken, in denen Bewußtsein gebildet, Sinn vermittelt, Realität interpretiert wird, also in denen es im weitesten Sinne des Wortes um die Vermittlung von Werten und Normen geht. Kulturrevolution ist dann der über die Institutionen der Bewußtseinsbildung, also über Kindergarten, Schule, Universität, öffentliche Medien, Kirchen, Theater und Kunst laufende Prozeß, den Menschen mit Hilfe der Sprache in seinem Bewußtsein und in seinen Bedürfnissen so zu verändern, daß er nur Normen und Werten zustimmt, die erst in einer anderen, in der Regel in einer sozialistischen Gesellschaft verwirklicht werden können. Wenn dieser Prozeß nun nicht naturwüchsig, also ungeplant und ungesteuert abläuft, sondern wenn er zum Ziel einer systematischen Steuerung und Regula-

* Überarbeitung eines frei gehaltenen Vortrages

tion gemacht wird, dann nimmt der in den genannten Institutionen ablaufende Prozeß eine revolutionäre Qualität an. Er wirkt revolutionierend, wenn er in den Dienst der Aufgabe gestellt wird, überkommene Werte und Normorientierungen abzubauen, ideologiekritisch aufzulösen und an die Stelle der geltenden neue Werte, neue Normen, neue Orientierungen, neue Formen der Sinngebung zu setzen. Wenn wir im Zusammenhang unserer Erörterung von Kulturrevolution reden, dann kommt es darauf an, daß wir auch das, was in der Schule, in der Familie passiert, nicht nur punktuell und zufällig, als die für die Dauer einer Legislaturperiode definierte Politik verstehen, sondern als Momente, als Dimensionen eines radikalen, tendenziell alle Bereiche der Gesellschaft erfassenden Prozesses. Das ist der Begriff, die Vorstellung von Kulturrevolution, von der wir ausgehen.

Es ist nun provozierend, ärgerniserregend und auch sicher auf vielfältigen Widerstand und Protest stoßend, wenn ich unterstelle, daß es sinnvoll ist, zunächst – und sei es nur hypothetisch – zu untersuchen, ob wir in der Bundesrepublik Deutschland und vielleicht auch an anderen Orten Europas mit einem gewissen Recht von einem kulturrevolutionären Prozeß in dem definierten und geschilderten Sinne reden können. Es ist kein Zufall, daß gerade die bürgerlichen Gruppen in unserer Gesellschaft besonders irritiert und verständnislos reagieren, wenn von diesem Phänomen die Rede ist. Inzwischen ist in ganz unterschiedlichen Zusammenhängen und von ganz unterschiedlichen Voraussetzungen von Kulturrevolution in der öffentlichen Diskussion die Rede. Ich möchte daher einen ersten Überblick versuchen, um dann die Kulturrevolution in der Bundesrepublik etwas ausführlicher zu behandeln, weil hier der kulturrevolutionäre Prozeß vielleicht am radikalsten, am konsequentesten vorangetrieben wird.

Die neue Vision des Sozialismus

Wir gehen von dem Buch von Rudolf Bahro aus, das vor einiger Zeit erschienen ist. Bahro hat seine Kritik des real existierenden Sozialismus unter dem Titel »Die Alternative« veröffentlicht. Noch ehe sein Werk in der Bundesrepublik erscheinen konnte, wurde der Verfasser der Zusammenarbeit mit feindlichen Geheimdiensten verdächtigt und verhaftet. Sicher hat Bahro mit dieser Reaktion des Systems gerechnet und sie in seine langfristig angelegte Strategie einkalkuliert, die auf eine revolutionäre Veränderung des existierenden Sozialismus gerichtet ist. Es sollte niemanden überraschen, wenn die Machthaber in der DDR sich doch noch entschließen würden, Bahro nach einiger Zeit in die Bundesrepublik abzuschieben. Der Vorteil läge klar auf der Hand: Eine Erneuerung des marxistischen Emanzipationsprogramms, dessen Verfasser aus den Gefängnissen der DDR käme und der nicht verdächtigt werden könnte, er wolle den Sozialismus, den es bisher allein gibt, weil er real existiert.

Doch dies ist nicht der einzige Grund, der uns veranlassen sollte, die Bahrosche »Alternative« sorgfältig zur Kenntnis zu nehmen und zu bedenken. Sie enthält die radikalste und umfassendste Kritik, die bisher am existierenden Sozialismus geübt wurde. Es ist schwer vorstellbar, daß die Opposition in der Bundesrepublik imstande wäre, eine so tödliche Widerlegung, ja Destruktion aller Erwartungen und Hoffnungen zu leisten, die sich an den Sozialismus knüpfen, wie es Bahro in seinem Buch »Die Alternative« tut. Für ihn ist der existierende Sozialismus in der Sowjetunion und in den Ostblockstaaten nicht nur ein auf das Gewaltmonopol der Partei gegründetes repressives Unterdrückungssystem bürokratisch organisierter Herrschaft, eine Abart und Abwandlung asiatischer Despotie, sondern vor allem eine gesteigerte, weil perfektionierte Form menschli-

cher Selbstentfremdung. Er spricht daher konsequenterweise dem System den Charakter des Sozialismus ab und billigt ihm höchstens die Qualität zu, protosozialistisch zu sein. Die Systeme des existierenden Sozialismus sind für Bahro genau das, als was sie die Studenten der Universität Prag in einer Diskussion mit Rudi Dutschke bezeichneten: Systeme ökonomischer Ineffizienz plus Versklavung des Menschen. Er sieht die ideologische Rechtfertigung verbraucht, die offiziellen Phrasen als zweckbedingte Lügen durchschaut, die Führungskader in Routine erstarrt, ohne einen Ausweg aus einem von ihnen selbst verursachten Dilemma, das Bahro als einen Teufelskreis beschreibt, der nur noch die notdürftige Reproduktion der materiellen Selbsterhaltung gestattet.
Hinter der monolithisch geschlossen wirkenden Außenfassade deckt Bahro die Anarchie im Kampf aller gegen alle um den jeweilig partikularen interessengünstigsten Anteil an den Chancen auf, die Planerfüllungsbedingungen zu eigenem Nutzen und Vorteil nach unten zu korrigieren. Er analysiert als den Kern des Systems eine Unfähigkeit, die Arbeiter zur Leistung und die Menschen zur Partizipation zu motivieren. Die Grundeinstellung sei privatistisch, konsumorientiert und die Mentalität der Massen subaltern, die der Führungskader karrieristisch und verantwortungslos. Die DDR bedrohe der Verfall der Moral, vor allem der Arbeitsmoral von innen. Der Geist freier und individueller Initiative sei erfolgreich erstickt worden. Das Interesse am Allgemeinen werde von einigen intellektuellen Cliquen und Kadern wahrgenommen, die es zu einem Instrument verfälschen, ein falsches Bewußtsein zu erzeugen, das von der notwendigen und fälligen Kritik abgelenkt würde. Bahro ist davon überzeugt, daß die Veränderung der Eigentumsordnung, die Verstaatlichung der Produktionsmittel nicht nur nichts an der Selbstentfremdung des Menschen ändern, sondern nur

die Voraussetzung für eine totalitäre, bürokratische Beherrschung der Gesellschaft schafft. Ebenso zögert Bahro nicht, die Kategorie der Klasse abzuschaffen. Er sieht in der Arbeiterschaft, im sogenannten Proletariat, kein geeignetes Subjekt mehr, Träger revolutionärer Praxis zu sein. Die Arbeiter seien nicht revolutionär, sondern im Gegenteil, sie seien konservativ. Die Hoffnung auf Revolution müsse vielmehr auf das Interesse einer Emanzipation gesetzt werden, das in allen Schichten und Gruppen der Gesellschaft anzutreffen sei, vor allem bei den Intellektuellen, die mit der Ideologieproduktion befaßt seien.
Es ist deutlich, daß damit alle Elemente auch des Denkens von Marx liquidiert werden, welche die spezifische Identität des Marxismus ausmachen. Es muß daher strategisch-taktische Bedeutung haben, daß Bahro für seine fundamentale Kritik am existierenden Sozialismus die Autorität von Karl Marx in Anspruch nimmt. Wichtig ist für ihn der frühe Marx, der sein Programm einer totalen Emanzipation des Menschen als die entfremdungslose, allseitige Entwicklung aller seiner Kräfte und Anlagen im Kontext des von Fichte beeinflußten romantischen Denkens entwickelte. Es sind die utopischen Sehnsüchte des jungen Marx, die auch Bahro inspirieren. Es ist ein Zeichen seiner Redlichkeit, daß er ihre Erfüllung abhängig macht von der Forderung, die Unterwerfung des Menschen unter die Arbeitsteilung aufzuheben. Erst dann sei eine allseitige Aneignung des gesellschaftlichen Reichtums durch das Individuum, die Beseitigung des verselbständigten staatlichen Herrschaftsapparates, die in autonomer Selbstverwaltung gelenkte Gesellschaft möglich, an der alle beteiligt werden können. Dann geht es aber nicht mehr um die Steigerung der Produktivkräfte, sondern um eine andere Weise des Produzierens, eine grundlegende Veränderung der Strukturen der Gegenstände und des menschlichen Bewußtseins: Also um eine Kul-

turrevolution.

Die Alternative, die Bahro anzubieten hat, ist eine wesentlich von Gramsci beeinflußte Kulturrevolution, die fremdbestimmte Herrschaft aufheben will und gleichzeitig den Verfall der Gesellschaft in Anarchie vermeiden möchte. Wie das Letztere erreicht werden kann, bleibt ebenso unklar, wie die Organisation der Ökonomie eines kulturrevolutionären Kommunismus. Der Ansatz von Bahro unterscheidet sich im Prinzip nicht von dem Ansatz, von dem auch die Kulturrevolution der Bundesrepublik in der Mitte der 60er Jahre ausging. Dort, wo die Kulturrevolution in der Bundesrepublik sich durchsetzte, hat sie dem Geist organisierter Verantwortungslosigkeit zum Siege verholfen, dort wo sie nicht erfolgreich war, führte sie zu einer Renaissance des orthodoxen, sowjetischen Kommunismus, ja des Stalinismus. Es war doch ein aus Rosen geknüpfter Sowjetstern, der am Sarge von Ernst Bloch im Beisein der Vertreter unseres Staates niedergelegt wurde. Die marxistische, utopische, z. T. christliche Linke schwankt unentschieden zwischen Anarchie und totaler Diktatur. Aus diesem Teufelskreis weiß auch Bahro keinen Ausweg. Aber: Nicht die Ökonomie, allein die Kulturrevolution ist entscheidend.

Auch von Carl Friedrich von Weizäcker wird in seinem neuesten Werk »Garten des Menschlichen« die These vertreten, daß nur eine Art Kulturrevolution den Westen retten könne, die bestimmt ist durch die Aneignung östlicher Traditionen transzendentaler Meditation, letzten Endes des Buddhismus. Eine aus östlichen Quellen gespeiste Kulturrevolution soll den Westen aus seiner einseitigen Beherrschung durch den maskulin aggressiven Verstand befreien. Es ist ein auch geistesgeschichtlich bemerkenswerter Vorgang, daß ein Mann von der geistigen und politischen Autorität Carl Friedrich von Weizsäckers dem Westen und damit auch uns den Buddhismus als die Quelle einer möglichen Heilung anbietet. Man denkt unwillkürlich an die Prognose des jungen Nietzsche, es sei ein Wahn zu glauben, daß die Zukunft Europas bestimmt werde durch die Herrschaft des rational aufgeklärten und mündig gewordenen Menschen, daß vielmehr für die Zukunft Europas eine Eroberung durch asiatische Formen der Religiosität zu erwarten sei. Die Attraktion dieser örtlichen Religion liegt vermutlich darin begründet, daß es eine Religion ist, in der es die Möglichkeit gibt, atheistisch fromm zu sein. Die Sehnsucht nach einer atheistischen Religion ist ja unter vielen westlichen Intellektuellen, auch Theologen, weit verbreitet.

Wenn wir unseren Blick auf Frankreich richten, dann müßte man in der diffusen, in ihrer Zielrichtung noch nicht klaren Bewegung der jungen Philosophen auch ein Ereignis von kulturrevolutionärer Bedeutung sehen. Ein Teil der führenden jüngeren Philosophen, die noch 1968 einen entscheidenden Anteil an der Mairevolte hatten, haben sich unter dem Eindruck der Lektüre Solschenizyns von Marx losgesagt, weil sie glauben, daß Marx selber für die Errichtung eines Gulagsystems in seinem Namen verantwortlich sei. Sie meinen die Unausweichlichkeit erkannt zu haben, mit der jeder Versuch im 20. Jahrhundert den Sozialismus nach den Lehren von Marx aufzubauen, zu einer Art von Stalinismus führen werde. Welche Konsequenzen ziehen diese jungen Philosophen aus ihrer Erkenntnis, von der die Intellektuellen bei uns zu ihrem Segen noch verschont geblieben sind? Die Situation ist ebenso paradox wie ambivalent. Es gibt zwei Möglichkeiten. Die eine besteht darin, daß man die Perversion des Marxismus in sein Gegenteil für die Zukunft zu verhindern sucht, in dem eine systematische ideologiekritische Destruktion des Staates, des monotheistischen Gottesglaubens und damit einer mehr als zweitausendjährigen Geschichte der Vernunft für notwendig gehalten wird. Die Zerstörung des Staates, des monotheistischen Gottesglaubens und der Vernunft würden dann einen radikalen zu sich selbst gebrachten Anarchismus als einzig denkbare Zukunftsperspektive für Europa noch offen lassen. Es wird ja immer deutlicher, die für den Gang der Dinge entscheidende geistige Macht ist ein mit Elementen des Marxismus und bestimmter Spielformen sozialistischer Traditionen amalgamierter Anarchismus. Ein solcher Anarchismus ist ja geistesgeschichtlich sehr wohl begründbar und empfängt von daher seine Evidenz. Es gibt aber auch eine Gruppe unter den jungen Philosophen, die einen dem nihilistischen Anarchismus entgegengesetzten Weg gehen wollen. Sie fordern eine Rückbesinnung auf die geistigen Ursprünge Europas, des christlichen Abendlandes, auf eine Art metaphysisch begründeter Religion. Es handelt sich um eine Alternative von fundamentaler geistiger, auch politischer Bedeutung, vor der die junge Intelligenz Frankreichs steht. In dem Augenblick, in dem diese Alternative praktische Gestalt annehmen würde, liefen die Konsequenzen auf eine Kulturrevolution entweder in die eine oder die andere Richtung hinaus.

Kulturrevolutionäre Strategie des Eurokommunismus

Die ideologische Auseinandersetzung der 80er Jahre wird geprägt und bestimmt sein von dem neuen Weg, den der sogenannte Eurokommunismus entwickelt hat, um die Endziele einer kommunistischen Gesellschaft in Europa zu verwirklichen. Dieser Weg ist mit dem längsten Atem am konsequentesten und daher auch am erfolgreichsten in Italien beschritten worden. Der Eurokommunismus verdankt sich seiner Auseinandersetzung mit der Perversion des ursprünglich von Marx freiheitlich konzipierten Sozialismus in den Stalinismus. In Westeuropa bestehen, nach der Auffassung vor allen Dingen der italienischen Kommunisten, unter den völlig veränderten Bedingungen eines reformierten und neu organisierten kapitalistischen Systems keine Chancen für eine Verwandlung in eine sozialistische bzw. kommunistische Gesellschaft, wenn nicht eine radikale Lossagung von der Forderung nach der Errichtung einer Diktatur des Proletariats erfolgt. Wir haben es in Zukunft mit einer Herausforderung zu tun, in der der marxistische Sozialismus selbst auf die Errichtung einer Diktatur des Proletariats verzichtet. Er wird ersetzt durch den Begriff eines demokratischen Kommunismus oder einer kommunistischen Demokratie. Das Endziel soll nach diesem neuen Weg nur in kleinen Schritten verwirklicht werden, und zwar nur dann, wenn in freien demokratischen Wahlen auch mehrheitliche Zustimmung erreicht worden ist. Das bedeutet, daß die Demokratie zu einer reinen Methode, zu einem reinen Instrument wird, um auf dem Wege der sukzessiven allmählichen Beschaffung von mehrheitlicher Zustimmung den kommunistischen Inhalt der Gesellschaft zu realisieren.

Die Väter des neuen Weges haben sich unvoreingenommen die Frage gestellt, welchen Bedingungen im Grunde der Faschismus seinen Erfolg in der kapitalistischen Krise der 20er und 30er Jahre zu verdanken hat. Sie kamen zu dem Schluß, daß nur dann eine reale Chance besteht, die bürgerliche, liberale, rechtsstaatlich, parlamentarisch, marktwirtschaftlich verfaßte Gesellschaft des reformierten Kapitalismus in Richtung auf den Sozialismus aufzuheben und zu verwandeln, wenn es gelingt, voraus eine kulturelle Hegemonie über die bürgerliche Gesellschaft zu erringen. Das bedeutet, daß an die Stelle des Proletariats zur Errichtung dieser kulturellen Hegemonie vor allem die Klasse der Intelligenz getreten ist. Es handelt sich bei der Intelligenz um eine Gruppe, deren Aufgabe in einer Gesellschaft darin besteht, Bewußtsein zu bilden, Sinn zu vermitteln, die Werte und Normen zu formulieren und durchzusetzen, an der sich in der Interpretation und für die Zukunft eine bürgerliche Gesellschaft orientiert. Das Ziel ist, mit der Klasse der Intelligenz bereits im Vorstadium eine geistig-kulturelle Hegemonie zu errichten, durch die die für die sozialistische Zukunft entscheidenden Orientierungen, Erwartungen und normativen Muster durchgesetzt werden können, um so auch das Bewußtsein der bürgerlichen Gruppen in dieser Gesellschaft für die neuen Werte und Normen zu gewinnen. Die strategische Bedeutung besteht darin, die kommunistische Partei koalitionsfähig zu machen mit bürgerlichen Schichten und Gruppen, bis in die mittelständischen Unternehmer hinein. Revolution ist für die Eurokommunisten nicht mehr die Eroberung des Staatsapparates durch eine subversiv und revolutionär arbeitende Gruppe mit dem Ziel, der Gesamtgesellschaft ihre ideologischen Vorstellungen aufzuzwingen, sondern das Modell von Revolution wird ersetzt durch einen langzeitig und langfristig angenommenen historischen Prozeß, in dem ganz allmählich die Transformation des Spätkapitalismus in eine sozialistisch-kommunistische Endgesellschaft gedacht und konzipiert wird. Eine paradoxe Umkehrung dessen, was bisher Marxismus in der Geschichte war. Die Substanz des neuen Weges ist die Kulturrevolution.

Die Überlegung, von der Gramsci ausging, war, daß der Kommunismus unter den Bedingungen Westeuropas nur dann Erfolg hat, wenn er sich gegenüber den dekadent-liberalen Verfallserscheinungen der bürgerlichen Gesellschaft als die letzte auch kulturell und geistig faszinierende Ordnungskraft anbieten kann. Der Erfolg der kommunistischen Partei Italiens ist auf den konservativen Kern ihrer kulturrevolutionären Strategie zurückzuführen. Gramsci war davon überzeugt, daß die Kulturrevolution die moralische Reform der Massen zu ihrem Ziel haben muß, und zwar mit folgenden Inhalten: Die Aneignung der humanen Traditionen der europäischen und der bürgerlichen Geschichte, vom Urchristentum über die Reformation, die Aufklärung und die französische Revolution und vor allem die Aneignung des deutschen Idealismus, der größten Philosophie, die auf dem Boden der bürgerlichen Gesellschaft hervorgebracht wurde. Wir stehen dann vor einer ganz neuen Situation, auch in der ideologischen Auseinandersetzung, denn diese Strategie bedeutet, daß wir zur Abwehr der sozialistischen Transformation unserer freien Gesellschaft nicht mehr operieren können mit dem Hinweis auf die Verhältnisse und Zustände in der Sowjetunion und in der Deutschen Demokratischen Republik. Die Eurokommunisten, vor allem in Italien, wissen, daß unter den Bedingungen der entwickelten Industriegesellschaften in West- und Mitteleuropa eine Mehrheit von 51 oder 53% nicht ausreichen würde, um die fundamentalen Veränderungen der Strukturen zu erreichen, die die Eurokommunisten für notwendig halten.

Die kulturrevolutionäre Bewegung in der Bundesrepublik

Der neomarxistische Impetus, der die kritische Theorie leitete, führte zu dem auch in Rahmenrichtlinien sich niederschlagenden Legitimationsentzug für unsere freiheitliche Demokratie, die als bloß formal charakterisiert wird und die eine Einlösung des Versprechens wahrer realsozialistischer Demokratie bisher schuldig geblieben sei. Hier setzt der Begriff der strukturellen Gewalt an, der erklären soll, warum der Widerspruch zwischen Anspruch und Wirklichkeit aufrechterhalten werden kann. Die für unser demokratisches Gemeinwesen fatalste Wurzel der neomarxistischen Kulturrevolution ist die Einsicht, daß sie zu einem Verlust des Glaubens in den Sinn und die Wirksamkeit des demokratischen Prozesses geführt hat. Wer davon ausgeht, wie das die Vertreter der Kritischen Theorie tun, daß die Bürger dieses Staates durch das System ihrer Fähigkeit beraubt seien, ihre wahren Interessen zu erkennen und selbständig politisch zu entscheiden und zu handeln, der hat sich von der Demokratie getrennt und dem bleibt nur noch der Weg in die Gewalt. Diese Konsequenz hat sich das neomarxistisch-anarchistische Lager nur für die Zeit eines Übergangs verheimlichen können, und zwar durch ein Vokabular der Verschleierung und der Täuschung, das bei den intellektuellen Wortführern auch der Selbsttäuschung diente. Nach den Prinzipien und Anweisungen des Neomarxismus wurde in den Schulen und Universitäten, Parteien und zum Teil in den Kirchen eine Konflikterzeugungsstrategie praktiziert und mit der angeblichen Notwendigkeit einer gezielten und kontrollierten Regelverletzung begründet. Im sprachlichen Umgang mit den Institutionen und Vertretern unseres Staates wurde die brutale Sprache des Unmenschen gepflegt, die Organe der Rechtsprechung und der Polizei wurden systematisch verunsichert. Theorien über den Charakter und die Rolle des Staates im sogenannten Spätkapitalismus setzten sich durch, die einen permanenten Kampf gegen unseren freiheitlichen Staat provozierten.

Die aus dem ideologiekritischen Arsenal des Neomarxismus gespeiste Auflösung eines gesellschaftlichen Konsenses, der Gewalt als Mittel der Politik eindeutig ablehnte, wirft aber die Frage nach dem Kontext auf, in welchem die Argumente entwickelt werden konnten, die das Entstehen einer durch die Kulturrevolution begünstigten Gewaltmentalität zur Folge hatten, mit der wir es heute zu tun haben. Am folgenreichsten erwies sich die Uminterpretation unserer gesellschaftlichen, politischen, sozialen und kulturellen Wirklichkeit, wie sie im Kontext der Kritischen Theorie angelegt ist. Die Destruktion des Legitimations- und Motivationssystems der pluralistisch und rechtsstaatlich verfaßten parlamentarischen Demokratie in der Bundesrepublik läßt sich auf die drei alles tragenden Grundannahmen zurückführen, von denen die Kritische Theorie ausging.[1]

1. Die Bundesrepublik repräsentiert den Typus einer entwickelten modernen Industriegesellschaft, in der sich eine neue Form totalitärer Herrschaft herausgebildet hat, die latent faschistisch ist und in der die parlamentarische Demokratie nur die Rolle einer Fassade spielt.

Als totalitär wird jetzt die Herrschaft der Technologie in allen Lebensbereichen verstanden, von der ein alle Individuen erfassender und sie in ihren Bedürfnissen unterdrückender, also repressiver Zwang ausgeht. Herrschaft sei nunmehr geronnen und objektiv geworden in den Strukturen technologischer Systeme, hinter denen sich ein politisch bewußtloser und daher nicht reflektierter Wille verberge, über die Technik eine Kontrolle, Verfügung, also Herrschaft auszuüben. Die den technologischen Zwängen unterworfenen Menschen sind damit zu ihrer Subjektivität entfremdeten Objekten einer neuen Gestalt, indirekt auch politisch relevanter Beherrschung geworden. Wer die alle Bereiche durchdringende Penetranz der Kategorie Herrschaft in den Rahmenrichtlinien und der Orientierung an einem Begriff von Emanzipation verstehen will, wer Emanzipation als Überwindung einer jeglichen Form von Fremdbestimmung interpretiert, sieht sich auf den Systembegriff der Kritischen Theorie verwiesen.

2. Die Gesellschaft sei im Ganzen ohne Vernunft, da sie Vernunft nur instrumental begreife. Unter einem instrumentalen Begriff der Vernunft wird ein solcher verstanden, der Vernunft auf die Zweck-Mittel-Relation beschränkt und dann nur die Wahl der Mittel rationalisieren kann, aber nicht die Wahl der Ziele und Zwecke. Als Kriterium vernünftigen Handelns dient dann das

Kriterium letztlich ökonomischer Effizienz: Wie kann ich ein vorgegebenes, nur den naturwüchsigen Zwekken gesellschaftlicher Entwicklung entspringendes Ziel mit dem geringstmöglichen Aufwand in kürzestmöglicher Zeit und unter Vermeidung unerwünschter Nebenwirkungen erreichen? Nach diesem Begriff formaler Vernunft kann ich aber nur Teile der Gesellschaft rationalisieren, aber das Ganze bleibt der Irrationalität überlassen und bewegt sich ungesteuert auf neue Katastrophen zu. Diese Argumentationsfigur gestattet es, die Inanspruchnahme gesellschaftlich ausgebildeter und anerkannter Vernunft als selber irrational zu denunzieren und den methodisch undisziplinierten und institutionell nicht kanalisierten Affekten die Vermutung einer höheren Vernunft zuzubilligen. Rationales, zweckgerichtetes Handeln ist dann durchschaubar als ein subtiles Instrument repressiver Herrschaft. Akte willkürlicher Spontanität müssen dann im Rahmen einer negativen Anthropologie als Sabotage eines menschenfeindlichen Schicksals gewürdigt werden, in dem sich die gesellschaftlich verschüttete Autonomie der Subjekte meldet.

3. Schließlich gilt nunmehr der gesellschaftskritisch gemeinte Satz, daß die Gesellschaft ohne Alternative sei. Hier hat die kritische Theorie die Grundthese konservativer Kritik in ihren Kontext aufgenommen, daß unsere Gesellschaft geschichtslos sei. Geschichtslosigkeit der Gesellschaft bedeutet in diesem Zusammenhang, daß die Gesellschaft auf der Stelle trete und bei aller scheinbaren Bewegung auf die Wiederholung der Bedingungen ihrer materiellen Erhaltung zurückgeworfen werde. Mit dieser Kritik ist eine Frage aktualisiert, die im Grunde eine Philosophen- und Kinderfrage ist, nämlich: Was ist der Sinn des Ganzen, welchen Zielen dient die Selbsterhaltung, oder noch radikaler: Wozu Selbsterhaltung?

Durch diese Frage ist zweifellos ein neuralgischer

Punkt unserer Gesellschaft getroffen. Wenn nach dem Verfall traditionaler legitimierender Weltbilder, wie Habermas das nennt, nach dem chronisch gewordenen, eines nur noch durch eine Art von Massenhedonismus mühsam kaschierten Nihilismus die Gesellschaft sich als unfähig erweisen sollte, ein neues Angebot auch kollektiver Sinngebung zu entwickeln, dann bleibt nur der Ausbruch in die Euphorie pseudorevolutionärer und gewalttätiger Aktionen, das Verdämmern in der Apathie totaler Indifferenz oder die kluge, zynische Ausnutzung aller Chancen zur individualistischen Bedürfnisbefriedigung.

Es entspricht daher einer Logik, die dem neomarxistischen Ansatz immanent ist, daß Jürgen Habermas in seiner Rede, die er aus Anlaß der Verleihung des Hegelpreises der Stadt Stuttgart an ihn gehalten hat, die Konsequenzen der kulturrevolutionären Grundströmung für den gesellschaftlichen Wandel sehen konnte in Veränderungen, die die Kunst, den Staat, das Recht und den geistig-psychischen Zustand der Gesellschaft betreffen. »Diese Vorgänge machen sich oft in der Entdifferenzierung bisher autonomer Lebensbereiche bemerkbar. Ein auffälliges Beispiel ist die moderne Kunst. Sie wird einerseits immer esoterischer und bietet sich als ein nichtwissenschaftlicher Modus von Erkenntnis an; andererseits verläßt sie die Museen, Theater, Konzertsäle und Bibliotheken, um die Autonomie des schönen Scheins abzulegen und in die Lebenspraxis einzudringen, d. h. zu sensibilisieren, Sprachroutinen zu verändern, Wahrnehmungen zu stimulieren, ja um sich selbst in paradigmatischen Lebensformen zu verkörpern. Andere Beispiele sind die Entpathologisierung von Geisteskrankheiten oder die Entmoralisierung des Verbrechens. Hierher gehören auch Phänomene, die man für eine Entstaatlichung der Politik anführen könnte – beispielsweise jene Kommunikationen, über die sich planende Verwaltungen mit den

Adressaten und den Betroffenen ins Benehmen setzen, oder umgekehrt die Bürgerinitiativen, die ein solches Verhalten erzwingen. Der Begriff „Demokratisierung" trifft die Sache nicht genau, weil solche Initiativen und Bewegungen selten den Spielraum einer effektiven Teilnahme an politischen Entscheidungen erweitern: ihre eigentümliche Leistung besteht vielmehr darin, daß sie die Interpretation öffentlich anerkannter Bedürfnisse verändern.[2]

Was aber bedeutet es, was Habermas hier die Entpathologisierung von Geisteskrankheiten, die Entmoralisierung des Verbrechens und die Entstaatlichung der Politik nennt? Die Entpathologisierung der Geisteskrankheiten bedeutet die Verflüssigung der in unserer Kultur gültigen Kriterien, nach denen zwischen geistiger Gesundheit und Krankheit unterschieden werden kann. In einer als krank unterstellten Gesellschaft kann der Kranke der eigentlich Gesunde und der anscheinend Gesunde der eigentlich Kranke sein. Die Entmoralisierung des Verbrechens geht aus von dem marxistisch-anthropologischen Grundaxiom, daß der Mensch nichts anderes sei, als das Ensemble seiner sozioökonomischen Verhältnisse und daher als ein Subjekt nicht mehr in Betracht käme, dem man seine Taten moralisch und damit letzten Endes auch rechtlich noch zurechnen könne. Die Entstaatlichung der Politik bedeutet, daß der Staat als Subjekt freiheitsgewährenden und schützenden Rechtes abdankt zugunsten einer sich spontan organisierenden Basis, die ohne Legitimation und Kontrolle durch das Recht ihre partikularen Bedürfnisse und Interessen auf Kosten des Gemeinwohls durchsetzen könne.

Hermann Lübbe hat erneut auf die Absurdität einer Anweisung für den politischen Unterricht hingewiesen, nach der jeder Schüler in den Stand gesetzt werden soll, die geltenden Normen, also auch das Recht, zu akzeptieren oder sie zu verwerfen, wenn er zu dem Schluß kommt, daß sie der Durchsetzung seiner emanzipatorischen Bedürfnisse entgegen stünden. Die Bundesrepublik Deutschland bietet den beispiellosen Fall einer Gesellschaft, in welcher die Institutionen der Erziehung, der Bildung, z. T. der Kultur und der Kirchen, aus dem integrativen Zusammenhang mit dem Ganzen der staatlich und rechtlich verfaßten Gesellschaft herausgelöst, durch anarchistisch-nihilistische kulturrevolutionäre Strategien tendenziell umfunktionalisiert und gegen den Staat mobilisiert werden konnten, der als Gewaltinstrument zur Aufrechterhaltung von Verhältnissen denunziert wurde, in denen die Menschen ausgebeutet, unterdrückt und durch Konsumideologien daran gehindert werden, ihre wahren Interessen zu erkennen. Wenn man sich an die drei Punkte von Habermas erinnert, dann werden die gravierenden Unterschiede deutlich, durch die sich die Kulturrevolution in der Bundesrepublik von den vorher genannten Modellen nicht unerheblich unterscheidet. Betroffen ist das Verhältnis zur Geschichte, die Frage nach dem methodologischen Instrumentarium, durch das man die Gesellschaft verändern will und die Vision, die dem zu erreichenden Ziel der Veränderung voranleuchtet. Die Geschichte wird verstanden als eine Geschichte permanenter Herrschaft, fortschreitender Unterdrückung der Natur, die in einer bisher unerkannten Dialektik der Aufklärung zum Rückfall in die Natur geführt hat. Wenn ich aber Geschichte total unter Herrschaft subsumiere, dann kann ich die andere und neue Gesellschaft nur im Sprung aus aller geschichtlichen Kontinuität, nur durch einen Bruch mit der Kontinuität erreichen. Ist Geschichte nichts anderes als die Geschichte permanenter Herrschaft, dann ist sie nichts anderes als der Kampf, der nach den Gesetzen des Dschungels geführt wird, der Kampf, in dem die Starken die Schwachen unterdrücken. Ist das der unabweisbare Schluß, der aus dieser Sicht der Geschichte gezogen werden muß, dann

wird die Nähe zu der Auffassung, die die Faschisten von der Geschichte hatten, deutlich. Die Faschisten lehrten doch nichts anderes, die Geschichte sei der Kampf der Starken gegen die Schwachen.
Eine weitere Folge dieser Sicht der Geschichte besteht darin, daß dann natürlich das Christentum nichts anderes ist, als entweder ein als Ideologie zu interpretierender Reflex von Herrschaft oder es ist die ohnmächtige Artikulation des in die Ausbeutung und Unterdrükkung gestoßenen Menschen. Wie in der Oper »Fidelio« aus der Ferne ein Fanfarenstoß der Rettung und Erlösung ertönt, so interpretiert vor allen Dingen Horkheimer den Sinn der Religion als die Sehnsucht nach dem schlechthin Anderen. Es müsse noch etwas anderes geben, denn wenn es das nicht gäbe, dann würden ja letzten Endes die Mächtigen für alle Zeit und Ewigkeit triumphieren. Das Gefühl der Sehnsucht, das von dem Wunsch nicht zu unterscheiden ist, es möge doch anders sein, als es in Wirklichkeit ist, oder es möge doch noch etwas anderes geben, als das, was es bisher gab, diese Sehnsucht wird dann zur Substanz der Religion.

Die Herausforderung christlicher Ethik

Die Konsequenzen, die sich aus dieser Interpretation unserer geschichtlichen Lage ergeben, können nur anarchistischer Natur sein. Die Vision von der neuen Gesellschaft kann nur eine Gesellschaft sein, in der jede Gestalt von fremder Verfügung des Menschen über sich und sein Leben aufgehoben wird. Diese herrschaftsfreie Gesellschaft ist nur dann zu erreichen, wenn wir die Auflösung und die Ersetzung der bestehenden Werte und Normen in einer Art von Gegenkultur organisieren, in der in der Form eines herrschaftsfreien Dialoges ein jeder die Chance hat, die Normen und Werte, die gelten, zur Disposition zu stellen und neue

Werte und Normen zu setzen. Dieser in eine Methode überführte Prozeß der permanenten Verflüssigung aller geltenden Werte und Normen auf das zu erreichende Ziel einer herrschaftsfreien Gesellschaft gehört zu der Herausforderung, mit der wir es heute zu tun haben. Wer aber nicht den langen Atem zur Teilnahme an dieser Dauerveranstaltung, zur Teilnahme an der Dauerreflexion des herrschaftsfreien Dialoges hat, wer die Geduld verliert, der kann natürlich auf die Idee kommen, durch Terror diesen Prozeß zu beschleunigen. Es ist kein Zweifel daran möglich, daß Habermas mit seinem Vorschlag, die Frage der Werte und Normen durch einen herrschaftsfreien Dialog entscheiden zu lassen, in keiner Weise an diese Konsequenz gedacht hat. Es ist nur die Frage, ob die anthropologischen Voraussetzungen, von denen diese sogenannte kommunikative Ethik ausgeht, nicht so unrealistisch sind, daß sie in der Realität zu einem solchen Ausmaß an Frustration führt, daß sich der Ausweg in den Terror nahelegen kann. Herrschaftsfreie Gesellschaft, das ist die Einlösung des mit dem Beginn der abendländischen Demokratie verbundenen Postulates auf die Herstellung einer Gesellschaft der wahrhaft Freien und Gleichen, in der alle Formen repressiver Unterdrückung und sozialer Ungerechtigkeit aufgehoben sind. Es ist die Vision von einer wahrhaft brüderlichen Solidarität, in der alle mit allen verbunden sind.

Ich komme zum Schluß. Die These ist, daß die Kulturrevolution und nicht in erster Linie die ökonomischen, politischen und sozialen Entwicklungen die eigentliche Tiefendimension des historischen Prozesses in der Gegenwart ausmacht. Das heißt, über das Schicksal und die Zukunft Europas wird in und mit dem Ausgang dieses kulturrevolutionären Experimentes entschieden. Wenn wir keine diesen Elementen entspringende Antwort auf die kulturrevolutionäre Herausforderung finden, dann könnte es eines Tages keine andere, als eine

sozialistische Perspektive für Europa geben. Ist aber die Kulturrevolution die entscheidende Tiefendimension des Prozesses, dann kann die Antwort auf diese Kulturrevolution nur eine christliche Kulturrevolution sein. Was wir brauchen, ist eine christliche Kulturrevolution, die zu ihrem bewegenden Moment das hat, was Solschenizyn eine Revolution des sittlichen Bewußtseins, eine sittliche Revolution genannt hat.
Diese Forderung nach einer christlichen Kulturrevolution zur geistigen und ethischen Erneuerung unserer Gesellschaft stößt natürlich auf erhebliche Skepsis. Denn wir leben ja in einer pluralistischen Gesellschaft und man meint daher, daß die Christen gar kein Recht und daher auch gar keine Chance haben, dieser Tiefendimension der Kulturrevolution eine eindeutige und auf das Ganze zielende christliche Antwort entgegenzustellen. Wie immer es aber mit dem Pluralismus bestellt sein mag, es ist völlig eindeutig, daß dieser Kampf um den Ausgang der Kulturrevolution von den Christen mit allen denen geführt werden muß, die guten Willens sind. Sicher werden die Christen, weil sie so viele historische Chancen verspielt und manchmal sogar verraten haben, in dieser Situation kaum noch über die Kraft und die Möglichkeit verfügen, allein die hier geforderte Antwort zu geben. Sie werden also angewiesen sein auf eine Kooperation mit allen, die guten Willens sind, so wie auch Augustin diese Kooperation um der Herstellung einer den Frieden ermöglichenden Ordnung willen gefordert hat. Alle, in denen der gute Keim der Humanität, oder sagen wir es schlichter, des gesunden Menschenverstandes noch nicht durch Wahnbildungen ersetzt worden ist, sind hier zur Zusammenarbeit aufgerufen. Sie werden keinen exklusiven Anspruch, sie werden auch keinen totalitären Anspruch stellen, aber das Medium, über das sich die Christen mit allen, die guten Willens sind, allein noch verständigen können, kann nach der Lage der Dinge

nur die Sittlichkeit, kann nur die Ethik sein. Ich erinnere an die Aussage des marxistischen Philosophen Harisch, der die These vertreten hat, daß durch die ökologische Krise die westliche Industriegesellschaft gezwungen sei zu der Alternative, sich entweder für den Stalinismus oder für den Untergang zu entscheiden. Nach der Meinung von Harich verfüge nur der Stalinismus über eine solche Form organisierter totalitärer Macht, daß er die Menschen zu den Opfern und Versagungen zwingen könne, zu denen sie bereit sein müssen, wenn die menschliche Gattung überhaupt noch eine Zukunft haben soll. Die Alternative zu dieser Perspektive kann nur die Ethik sein. Die Ethik unter den Bedingungen des in der Tat katastrophale Züge annehmenden Zeitalters kann jedoch nur eine solche sein, die die Substanz des Christentums , und sei es auch noch so vermittelt, in sich aufgenommen hat.

Anmerkungen

[1] Vgl. zum Folgenden G. Rohrmoser, Zeitzeichen – Bilanz einer Ära, Stuttgart [2]1977, 435 f.

[2] Vgl. Jürgen Habermas, Können komplexe Gesellschaften eine vernünftige Identität ausbilden? (Suhrkamp Tb 202), Frankfurt 1974, 67 f.

Weitere Literatur des Verfassers zum Thema:

Das Elend der kritischen Theorie, Freiburg [4]1976,
Herrschaft und Versöhnung, Freiburg 1972,
Nietzsche und das Ende der Emanzipation, Freiburg 1971.

Luigi Rosa

Die Illusion von einer sozialistischen Demokratie

Zur eurokommunistischen Theorie und Praxis in Italien

1. Die Bedeutung des Wortes »Demokratie« im Begriff »sozialistische Demokratie«

Im Begriff »sozialistische Demokratie«, dessen sich allgemein viele Wissenschaftler im Bereich des Verfassungsrechts und der Staatslehre bedienen, um die bestehenden politischen Systeme in den sogenannten »Volksdemokratien« oder »fortschrittlichen Demokratien« zu bezeichnen, wird das Wort »Demokratie« in einem Sinne gebraucht, der sich wesentlich von dem unterscheidet, den dieses Wort im politisch-rechtlichen Sprachgebrauch der demokratischen Staaten »klassischer« (oder »westlicher«) Prägung hatte und bis heute hat.
Schon im Jahre 1897 sah sich ein bekannter italienischer katholischer Soziologe und Wirtschaftswissenschaftler bei dem Versuch, den Begriffsgehalt der »christlichen Demokratie« exakt zu umschreiben, zu der Feststellung gezwungen, daß nichts »unbestimmter, verwirrender und einer theoretischen Erfassung weniger zugänglich« sei, als das Wort »Demokratie«[1]. In der Tat erweist es sich bis heute als schwierig, einen solchen Begriff zu definieren: Das ergibt sich im theoretischen Bereich aus seiner »natürlichen Komplexität«, insofern es sich nämlich auf verschiedene Aspekte des politischen, sozialen, bürgerlichen oder wirtschaftlichen Lebens beziehen kann und mit jedem dieser Aspekte die

»empfindlichsten und fundamentalsten Wesensmerkmale der Gesellschaft berührt: Freiheit, Eigentum, Solidarität, Gleichheit«. Auf der historischen Ebene liegt die Schwierigkeit in den »Nachklängen der paganen Demokratie« und in den »nächstliegenden und inneren Eindrücken« der modernen Demokratie, die »ihrerseits mit den Traditionen der mittelalterlichen, unter dem Einfluß des Christentums und des Papsttums entstandenen Demokratie in Verbindung gebracht werden und verflochten sind«. Und schließlich ergeben sich Schwierigkeiten in der Praxis aus den vielen sprachlichen Unzulänglichkeiten, die in den Reden der Politiker und auch der Politologen zum Ausdruck kommen, die oft in erster Linie um nebensächliche Bedürfnisse der Parteipolemik besorgt sind[2].
In der zweiten Hälfte des 19. und im frühen 20. Jahrhundert wurde ein Staat im allgemeinen dann als »demokratisch« betrachtet, wenn in seiner Rechtsordnung einige Grundprinzipien wie die »Volkssouveränität«, die »Herrschaft der Gesetze«, die »Gewaltenteilung« verankert, die bürgerlichen und politischen Rechte der Bürger anerkannt und garantiert waren und es wenigstens eine »repräsentative«, mit gesetzgeberischen Befugnissen ausgestattete Versammlung gab, die Einfluß auf die allgemeine politische Zielsetzung zu nehmen in der Lage war. Damals wurde die Demokratie formal als »Selbstregierung der Regierten« verstanden. Das positive Recht und die Rechtswissenschaften gaben jedoch nicht exakt an, in welchem Sinne das regierte Volk in einem demokratischen Gemeinwesen sich selbst regieren solle und könne. Der Bürger empfand trotz allem »den Staat als außerhalb seiner Verantwortung und seines Tätigkeitsfeldes liegend, als ›ein bloßes Gegenüber‹«[3].
In den jüngeren Verfassungen der »Staaten mit einer klassischen Demokratie« wird die »Volksgemeinschaft« (also die Gesamtheit der Bürger) in zunehmen-

dem Maße als einziges Subjekt der »obersten Gewalt« der Regierung betrachtet und auf diese Weise in einem sehr konkreten Sinne mit der »Staatsperson« gleichgesetzt. In diesen Verfassungen wird der Staat letzten Endes als »Gesellschaft von physischen und juristischen Personen« dargestellt. Gegenwärtig geht man in den »westlichen Demokratien« davon aus, daß das »demokratische Prinzip« voll verwirklicht ist, wenn das politisch-rechtliche System die Erfüllung der Forderung aller seiner Mitglieder (Einzelpersonen und gesellschaftliche Gruppen) nach Freiheit, Gleichheit und Sicherheit in höchstmöglichem Maße zu garantieren trachtet, ein System also, das den Mitgliedern selbst die konkrete Möglichkeit sichert, in den Grenzen ihrer Fähigkeiten direkt oder indirekt an der Erreichung der allgemeinen Ziele mitzuwirken, und das alle wirklich teilhaben läßt an den Lasten und Vorteilen des gemeinsamen Lebens; ein System schließlich, in dem der Führungsapparat, von der Gemeinschaft gewählt und kontrolliert, tatsächlich die Interessen aller »vertritt«.
Es ist bekannt, daß demgegenüber in den bestehenden, politisch-rechtlichen Systemen der modernen »Volksdemokratien« der Begriff »Demokratie« sich praktisch mit dem Begriff der »progressiven Demokratie« deckt. In diesen Systemen geht man von den theoretischen Voraussetzungen des Marxismus-Leninismus aus und betont folglich den »absoluten Primat der ökonomisch-sozialen Verhältnisse über alle anderen Verhältnisse (rechtliche, kulturelle, religiöse usw.)«. Es wird behauptet, das sozio-politische Gefüge der »kapitalistischen Gesellschaft« in all seinen verschiedenen Aspekten lasse nur eine scheinbare »Ordnung« entstehen, eine Ordnung, die nichts anderes sei als das aufgepfropfte und äußerliche Produkt, also der »Überbau« der ökonomisch-sozialen Wirklichkeit, die auf der Unterdrückung und Ausbeutung einer Klasse, der Arbeiterklasse, durch eine andere, die bürgerliche Klasse, be-

ruhe. Schließlich wird erklärt, daß, wenn nur erst einmal die kapitalistische Staatsorganisation mit Hilfe der Revolution zerstört sei, an die Stelle dieser Organisation ein »neuer« Staat treten werde. Dieser Staat müsse unter der eisernen Führung der Arbeiterklasse (»revolutionäre Diktatur des Proletariats«) seine »Macht« einsetzen, um den »Widerstand der Kapitalisten zu brechen«, und um Stück für Stück Strukturen zu schaffen, die weder Unterdrückung noch Ausbeutung mehr erlaubten: das ist der »fortschrittlich-demokratische Staat«. Wenn dieser Staat sein Hauptziel erreicht hat, wird er automatisch ein »demokratischer«, nach sozialistischen Prinzipien geordneter Staat, also ein »sozialistischer Staat« sein.
Der »demokratische« und »sozialistische« Staat verkörpert in dem von Lenin interpretierten Gedankengang von Marx die »erste Phase der kommunistischen Gesellschaft«[4]. In dieser ersten Phase wird die ökonomische Umwälzung einzig »in Bezug auf die Produktionsmittel« verwirklicht, die der Sozialismus bereits in »Gemeineigentum« überführt hat. In dieser Phase sind die sozialistischen Prinzipien »Wer nicht arbeitet, soll auch nicht essen« und »bei gleicher Arbeitsleistung den gleichen Anteil an der gesellschaftlichen Produktion« schon realisiert. Aber »ohne in Utopien zu verfallen, darf man nicht glauben, daß die Menschen mit dem Sturz des Kapitalismus plötzlich lernen werden, ohne irgendwelche Rechtsnormen für die Gesellschaft zu arbeiten. Die Beseitigung des Kapitalismus wird nicht auf einmal die ökonomischen Voraussetzungen für eine solche Änderung bieten«. Da es andere Normen außer dem »bürgerlichen Recht« aber nicht gibt, ist es unvermeidlich, daß in der ersten Phase des Kommunismus, »gewöhnlich Sozialismus genannt«, das »bürgerliche Recht« und der »Staat«, der ihm Respekt verschafft, weiter bestehen bleiben müssen. Ihre Aufgabe wird es sein, das Gemeineigentum an den Produktionsmitteln

aufrechtzuerhalten und gleichzeitig die »Gleichheit der Arbeit« und die »Gleichheit in der Zuteilung der Konsumtionsmittel« wirksam zu garantieren. Beide Elemente des Überbaus, das »bürgerliche Recht« und der »Staat«, können in der »höheren Phase des Kommunismus« vollständig verschwinden, dann nämlich, wenn »die Gesellschaft« das Prinzip »Jeder nach seinen Fähigkeiten, jedem nach seinen Bedürfnissen« verwirklicht haben wird, »das heißt, wenn die Menschen sich so an die Innehaltung der Grundregeln des gesellschaftlichen Zusammenlebens gewöhnt haben werden, und ihre Arbeit so produktiv sein wird, daß sie freiwillig nach ihren Fähigkeiten tätig sein werden«.
Es ist wichtig festzuhalten, daß nach Lenin »bis zum Eintritt der höheren Phase des Kommunismus die Sozialisten die strengste Kontrolle durch die Gesellschaft und durch den Staat die schärfste Kontrolle über das Maß von Arbeit und Konsumtion fordern. Diese Kontrolle soll jedoch mit der Expropriation der Kapitalisten, mit der Kontrolle der Kapitalisten durch die Arbeiter *beginnen,* und darf nicht von Staatsbeamten ausgeführt werden, sondern von dem Staat der *bewaffneten Arbeiter«.*

2. Die »Eroberung der Macht«, einziges Ziel der ideologisch-politischen Arbeit in der Kommunistischen Partei Italiens bis zum Beginn der 70er Jahre

Was bisher über den »sozialistischen Staat« in der politischen Konzeption des orthodoxen Marxismus-Leninismus gesagt wurde, macht deutlich, daß in dieser Konzeption und in den politischen Systemen, die sich heute direkt darauf berufen, zwar genau dargelegt wird, auf welchen Wegen und mit welchen Mitteln die bestehende staatliche Ordnung in der kapitalistischen Gesellschaft zerstört und auf welche Weise nach und

nach zunächst eine »Diktatur des Proletariats«, dann ein »demokratischer und sozialistischer Staat« verwirklicht werden soll; aber es wird weder ein konkreter Hinweis auf das sozio-politische Gefüge angeboten, das der »demokratische und sozialistische Staat« haben soll, noch eine Empfehlung in Bezug auf die Instrumente gegeben, über die dieser Staat für seine konkreten Regierungshandlungen verfügen soll. Auf der einen Seite wird deutlich, daß das, worauf die Marxisten-Leninisten in erster Linie, um nicht zu sagen ausschließlich, abzielen, die radikale Veränderung der ökonomisch-sozialen Strukturen ist; auf der anderen Seite ist mit nicht geringer Evidenz festzustellen, daß die »Demokratie«, von der die Marxisten-Leninisten mit solchem Nachdruck sprechen, nichts anderes ist als eine »formale Demokratie«, und zwar bis zu dem Augenblick, in dem der »sozialistische Staat« endgültig absterben wird. In diesem Sinne scheint die Tatsache enthüllend zu sein, daß das »Recht« und der »Staat« nur als notwendige Mittel der gesellschaftlichen Kontrolle dienen, und insbesondere daß diese Kontrolle nach Lenin nicht von einer »Staatsperson«, die sich mit dem »Volk« identifiziert, sondern vielmehr vom »Staat der bewaffneten Arbeiter« ausgeübt werden soll.
Im Jahre 1971 bestätigte ein kommunistischer Wissenschaftler im offiziellen Wochenblatt der KPI: »Eine marxistische politische Wissenschaft ist in der Substanz verfehlt. Die von Marx in Auseinandersetzung mit Hegel eingeleitete und erst 1927 herausgegebene Kritik des repräsentativen Staates war in gewisser Weise von Lenins ›Staat und Revolution‹ vorweggenommen worden, dies jedoch lediglich in bestimmten Grenzen . . . Nach diesem Buch gab es im wesentlichen ein theoretisches Vakuum, das nur teilweise von einigen anderen genialen Einsichten aufgefüllt wurde, die aus der politischen Erfahrung erwuchsen (zum Beispiel Gramsci)«[5]. 1975 griff derselbe kommunistische Autor die Diskussion

über das Thema wieder auf und erklärte, nach seiner Meinung lägen die »Grundursachen« für diese Tatsache »in der ökonomistischen Verflachung, die der Marxismus in einer ersten Phase erlitten hat . . . und in der politisch-pragmatischen Auszehrung, der er in einer zweiten Phase unterworfen war«[6]. Er erkannte auch, daß »die politische Debatte in der Arbeiterbewegung sich mehr auf das Thema Partei als auf das Thema Staat konzentriert hat«, und daß die »mangelnde Aufmerksamkeit für das Problem des Staates« ihre Erklärung in dem »vorherrschenden Interesse der Arbeiterbewegung an der Eroberung der Macht« sowie im »marxistischen Postulat des tendenziellen Zerfalls des Staates bis zu seinem Absterben« finde.

Man kann mit absoluter Sicherheit sagen – es wäre ein Leichtes, diese Aussage zu belegen –, daß die Kommunistische Partei in Italien seit 1944, also seit Palmiro Togliatti ihre Führung übernahm, trotz der feierlichen Erklärung in Artikel 1 ihres Statuts, konsequent für die »sozialistische Erneuerung der italienischen Gesellschaft« arbeiten zu wollen, in ihren politischen Analysen geradezu ausschließlich das Problem der »Eroberung der Macht« im Blick hatte. Togliatti, der zwanzig Jahre lang Sekretär der KPI war (1944 – 1964), hatte der Partei die Wahl einer Strategie aufgezwungen, die auf der Theorie von Antonio Gramsci aufbaute. Nach dieser Theorie ist Voraussetzung für die Eroberung der Macht die Errichtung einer kulturellen und politischen »Hegemonie«, das heißt die Schaffung eines »intellektuell-moralischen Blocks, der auf politischem Feld einen intellektuellen Fortschritt in der Masse ermöglicht«[7].

Schon Lenin hatte in der Schrift »Der ›linke Radikalismus‹, die Kinderkrankheit im Kommunismus« an dem Prinzip zwar festgehalten, daß das Endziel der politischen Aktion des internationalen Kommunismus nur die Errichtung der proletarischen Diktatur sein könne;

er wies jedoch ausdrücklich auf die Möglichkeit hin, daß die kommunistischen Parteien, insbesondere in den fortgeschrittenen Ländern, »konkrete« national besondere, nationalspezifische Wege zur Lösung des Problems des Übergangs zur proletarischen Revolution und der Niederringung der Bourgeoisie finden müßten[8].

Wie einer der bedeutenden Interpreten Togliattis dargelegt hat, brach dieser offen mit dem traditionellen theoretischen Schema im »scholastischen« Marxismus, das vereinfachend die »Bourgeoisie« und die »demokratischen Institutionen« gleichsetzte und deshalb zur Verwirklichung des »Sozialismus« einen sofortigen Übergang von der kapitalistischen Gesellschaftsordnung »zur proletarischen Revolution für den Kommunismus«, und zwar auf Weltebene, als unbedingt erforderlich ansah[9]. Nach Meinung Togliattis war im Westen auf historischem Wege eine politische Situation herangereift, die für die Arbeiterklasse ganz besonders günstig war. Die »Demokratie« westlicher Prägung hatte auch den Proletariern die »Freiheitsrechte« und die »politischen Rechte« zuerkannt und vor allem das Prinzip der »allgemeinen Wahl« bejaht, wodurch die Voraussetzungen für die »Hegemonie« eben der Proletarier geschaffen wurden. Diese Demokratie müßte jetzt als eine wesentliche »Errungenschaft der Arbeiterbewegung« betrachtet werden, ja als der »notwendige Weg« für eine Politik dieser Bewegung zur vollen und organischen Beseitigung der kapitalistischen Gesellschaft. Im Denken Togliattis (immer dem oben erwähnten Interpreten zufolge) mußte es Aufgabe der Kommunistischen Partei in Italien sein, die Arbeiterklasse zum Bewußtsein ihrer Macht innerhalb der demokratischen bürgerlichen Strukturen zu bringen, insbesondere zum Bewußtsein, daß sie »von Natur« aus die Rolle der »regierenden Klasse« zu übernehmen bestimmt sei, weil sie allein dem Kollektiv eine politische

Führungsschicht zu geben vermag, der die für die Bourgeoisie typische individualistische Mentalität fremd ist und die deshalb »dem sozialen Körper in seiner Ganzheit eine effektive und organische Führung gewährleistet.«
Wer die Entwicklungen bei der ideologischen Ausformung des Marxismus-Leninismus im Schoß der KPI bis zu den beginnenden 70er Jahren objektiv prüft, kann leicht feststellen, daß in den Schriften und Reden der italienischen intellektuellen Kommunisten und mehr noch in den offiziellen Texten und Dokumenten der Partei von dem »Sozialismus«, der errichtet, und von dem »sozialistischen Staat«, der geschaffen werden soll, nur in allgemeinen Wendungen die Rede ist.
In politischen Fragen wurden »Marx'sche oder marxistische Texte gelehrten und subtilen Exegesen« unterzogen. Man vermied es, sich in einer vertieften Reflexion mit den politischen Institutionen der zeitgenössischen Staaten zu beschäftigen und gegebenenfalls eine Gegenüberstellung dieser Institutionen mit der Wirklichkeit der herrschenden politischen Systeme in den sozialistischen Staaten vorzunehmen. Stattdessen beschränkte man sich darauf – wie ein seriöser und scharfsinniger sozialistischer Politologe feststellte[10] –, »einige zwanzig Seiten von Marx« zu glossieren, Seiten übrigens, die bereits »um und umgedreht worden waren«. Dabei vergaß man unter anderem, daß Marx zwar »alle erdenklichen guten Vorsätze hatte, außer einer Kritik der Ökonomie auch eine Kritik der Politik zu schreiben, sie aber in Wirklichkeit nie geschrieben hat«. Jedenfalls kam in regelmäßigen Abständen schärfste, radikale und zerstörerische Kritik an den bestehenden politischen Systemen in den klassischen Demokratien auf, und man zögerte nicht, wortgetreu mit Marx zu wiederholen, daß »die Geschichte« früher oder später diese Systeme unausweichlich beseitigen werde.
Von den bestürzenden »Enthüllungen« Chruscht-

schows auf dem XX. Parteikongreß der KPdSU und den aufsehenerregenden Ereignissen in Ungarn 1956 erleuchtet, wurden sich die italienischen Kommunisten »offiziell« der realen Gefahr bewußt, daß auch in »sozialistischen Staaten« eine »Degenerierung der Macht« eintreten kann. Seitdem weisen sie ständig auf diese Gefahr hin und wiederholen fortwährend, daß sie in Italien einen sozialistischen Staat ins Leben rufen wollen, der sich grundlegend von den in Osteuropa bestehenden unterscheidet. Allerdings gelingt es ihnen nie, deutlich zu machen, in welcher Hinsicht der »sozialistische Staat«, den sie in Italien bauen wollen, »anders« sein wird oder sein kann.

Über viele Jahre hinweg hat die KPI in ihrer politischen Propaganda allgemein gehaltene Treuebekenntnisse zu den Werten der »Freiheit« und der »Demokratie« abgegeben, um die öffentliche Meinung von ihrer vollen und unbedingten Zustimmung zu den Prinzipien der Verfassung der Italienischen Republik von 1947 zu überzeugen. Diese Verfassung ist – man muß dies unterstreichen – ganz sicher nicht an einer kollektivistischen Konzeption orientiert, vielmehr beruht sie auf der Anerkennung der individuellen und sozialen Rechte der »menschlichen Person«. Die KPI hat sich bisher bemüht, glauben zu machen, daß der »Sozialismus«, den sie verwirklichen will, aus der Aktualisierung der in der italienischen Verfassung verankerten demokratischen Prinzipien erwachsen wird.

Während des langen Zeitraums, in dem die italienischen Kommunisten von der Möglichkeit der Teilhabe an der Regierung des Staates ausgeschlossen waren, widmeten sie sich mit Energie dem vertieften Studium des Marxismus-Leninismus, wobei sie ständig bemüht waren, ihn insbesondere mit Hilfe der Lehre Gramscis auf die Höhe der Zeit zu bringen.

Gramsci hatte 1932/33 geschrieben: »Es ist nicht möglich, die sogenannte ›wissenschaftliche‹ Philosophie von der ›Vulgär- und Volksphilosophie‹ zu trennen, die lediglich ein uneinheitliches Sammelsurium von Ideen und Meinungen ist. An diesem Punkt stellt sich jedoch das fundamentale Problem jeder Weltanschauung, jeder Philosophie, ob sie nun eine kulturelle Bewegung, eine ›Religion‹ oder ein ›Glaube‹ geworden ist und somit eine praktische Aktivität und einen Willen hervorgerufen hat, in denen sie implizit als theoretische ›Prämissen‹ (als ›Ideologie‹, könnte man sagen) enthalten ist: Das heißt das Problem, wie die ideologische Einheit im gesamten sozialen Block bewahrt werden kann, der eben von dieser bestimmten Ideologie zementiert und zusammengehalten wird. Die Kraft der Religionen und vor allem der katholischen Kirche bestand und besteht darin, daß sie mit allem Nachdruck die Notwendigkeit der Einheit in der Lehre bei der gesamten Anhängerschaft empfinden und darum kämpfen, daß sich die intellektuell höheren Schichten nicht von den niedrigeren lösen . . . Eine der hauptsächlichsten Schwächen der immanentistischen Philosophien ganz allgemein besteht gerade darin, daß sie keine ideologische Einheit zwischen ›Unten‹ und ›Oben‹ zwischen den ›einfachen Menschen‹ und den ›Intellektuellen‹ haben schaffen können«[11].

Der kommunistische Denker hatte hinzugefügt, daß der Marxismus (von ihm »Philosophie der Praxis« genannt), der den Höhepunkt in der Entwicklung der modernen immanentistischen Philosophie darstellt, wenn er eine »philosophische Bewegung« sein will, im Kontakt mit den »einfachen Menschen« bleiben und sich von den »intellektualistischen Elementen individueller Natur« reinigen muß, um »lebendig« zu sein. Nach Gramsci kann der Marxismus zunächst nur polemisch und kritisch als Überwindung der früheren Denkweise und des bestehenden konkreten Denkens, folglich als Aufhebung des »Gemeinsinns« (oder der »Volksphilosophie«) wie der »Philosophie der Intellektuellen« auftreten: Da der Marxismus jedoch eine Philosophie ist, die »in sich alle Grundelemente für die Ausformung einer totalen und umfassenden Weltanschauung und ebenso für den Aufbau einer vollständigen konkreten Organisation der Gesellschaft enthält«, ist es notwendig, daß er für die Intellektuellen wie für die »einfachen Menschen« zur einzigen Philosophie wird, so daß sich im historischen Verlauf mehr und mehr die Einheit von Theorie und Praxis herausbilden kann[12].

Für Gramsci muß die Kommunistische Partei, wie übrigens jede Partei, als »Schöpferin« der neuen integralen und totalitären Intellektualität betrachtet werden, das heißt als »Schmelztiegel«, in dem sich die »als historischer und realer Prozeß verstandene Vereinigung von Theorie und Praxis« vollzieht; es ist deshalb »notwendig«, daß sie sich durch »ideelle Zustimmung« bildet[13]. Von 1947 bis heute hat die KPI die Substanz dieser Gedanken zunehmend für sich selbst geklärt und durch Vermittlung der »Kader« ihrer Organisation auch an ihrer »Basis« zur Annahme gebracht. Mit den von Gramsci vorgeschlagenen Mitteln hat sie sich außerdem um ihre Stärkung sowohl auf ideologischer wie auf organisatorischer Ebene bemüht. Auf diese Weise ist es ihr gelungen, jenen »einheitlichen intellektuellen und moralischen Block« zu bilden, der in jüngster Zeit der »hegemonialen« Mehrheit im Land und damit der effektiven Eroberung der Macht sehr nahegekommen ist.

3. Die Wandlungen im Bild der KPI und der Vorschlag Berlinguers eines »Historischen Kompromisses«

Wie schon erwähnt, pflegte der italienische Kommunismus schon seit dem Jahre 1956 ständig zu wiederholen, daß er »anders« sein wolle als der Kommunismus in den Ländern Osteuropas.

Es ist nicht zu leugnen, daß zu Beginn der 70er Jahre die mit der »theoretischen Aufarbeitung« Betrauten und das damit einhergehende praktische politische Verhalten bereits bemerkenswerte Wandlungen im Bild der KPI herbeigeführt hatten, und zwar sowohl in Bezug auf ihre politische Strategie als auch hinsichtlich einiger ihrer ideologischen Bezugspunkte.

Vom Studium der Gedanken Gramscis angeleitet, hatte die KPI

a) damit begonnen, zwischen »Staat« (oder »politischer Gesellschaft«) und »bürgerlicher Gesellschaft« zu unterscheiden. Vor allem hat sie sich dem Problem der Eroberung der »Hegemonie« in der »bürgerlichen Gesellschaft« zugewandt als dem einzigen Weg, der zunächst zur Eroberung des staatlichen Machtapparates und dann zum »Sozialismus« führt.

b) Ferner hatte die KPI gelernt, die »bürgerliche Gesellschaft« als die Gesamtheit der in der menschlichen Gemeinschaft bestehenden sozio-kulturellen Verhältnisse zu sehen (für Marx war dagegen die »bürgerliche Gesellschaft« dem Wesen nach identisch mit der Gesamtheit der ökonomischen Verhältnisse). Auch hatte die KPI eingesehen, daß, jedenfalls in einem Land wie Italien, die »Hegemonie« in der »bürgerlichen Gesellschaft« nur errungen werden konnte, wenn es gelang, die »bewußte Zustimmung« vor allem der »aktiven Massenmenschen« zu erreichen, jener also, die der Klasse angehören, welcher im historischen Ablauf die »Umwandlung« zufallen wird (die »Arbeiterklasse«), und die schon jetzt an eben dieser Umwandlung mitwirken (auch wenn sie sich dessen noch nicht bewußt sind und sich nicht selten auf intellektueller und moralischer Ebene von einem zur modernen »wissenschaftlichen« Interpretation der menschlichen Wirklichkeit in Gegensatz stehenden »theoretischen Bewußtsein« leiten lassen, das sie unkritisch aus der Vergangenheit übernommen haben).

Ich beziehe mich hier auf das, was ich an anderer Stelle schon ausgeführt habe, daß nach Gramsci in einem Land mit tiefwurzelnden katholischen Traditionen bei der Errichtung der kulturellen und politischen Hegemonie des Marxismus es eigentlich nur einen einzigen Feind gibt, den es zu besiegen gilt: den Katholizismus[14].

c) Die KPI hatte auch klar erkannt, daß es im revolutionären marxistischen Kampf wichtig ist zu unterscheiden zwischen dem »Stellungskrieg«, der im gründlichen Studium des Verteidigungssystems der kapitalistischen Gesellschaft und in der minutiösen Vorbereitung des entscheidenden Angriffs auf dieses System im technischen Bereich besteht, und dem »Bewegungskrieg«, verstanden als direkter Angriff auf die feindlichen Stellungen, sowie zwischen der »Strategie«, also dem Entwurf des Generalplans für die Angriffsoperationen, und der »Taktik«, das heißt der Festlegung der konkreten Methode, wonach die Angriffskräfte dem Feind die größtmöglichen Schäden zufügen. Schließlich begriff die KPI auch, daß es angesichts der besonderen italienischen Situation zur Erringung des kommunistischen Sieges notwendig sei, sich für den Stellungskrieg zu entscheiden und der Strategie den Vorzug zu geben.

Schon unter Palmiro Togliatti hatten die italienischen Kommunisten immer versucht, die Katholiken in Einheitsabkommen einzubinden – getreu der Lehre Lenins, derzufolge man einen »mächtigeren Gegner« nur besiegen kann, wenn man in einer bestimmten politischen Phase »jede, selbst die kleinste Möglichkeit ausnutzt, um einen Verbündeten unter den Massen zu gewinnen, mag das auch ein zeitweiliger, schwankender, unsicherer, unzuverlässiger, bedingter Verbündeter sein«. Man darf nicht einmal daher zurückschrecken, seine Zuflucht zu »Kompromissen« zu nehmen, wenn die Situation es erfordert[15]. Die Politiker der Christlich-demokratischen Partei hatten diese Versuche mit

Entschiedenheit zurückgewiesen, da sie sehr wohl um die Risiken wußten, denen man sich aussetzt, wenn man sich mit einer kommunistischen Partei verbündet. Lenin selbst sagte, daß »Bündnisse«, «Kompromisse« und »Abkommen« mit »bürgerlichen« oder »kleinbürgerlichen« Parteien für die Kommunisten lediglich einen instrumentalen Charakter und nur zeitweilig Bedeutung haben können[16].

1973 fühlte sich die KPI stark genug für die Wahl einer neuen und eigenständigen Strategie. Die Kommunisten hatten bei der Betrachtung der Vorgänge der verflossenen etwa 30 Jahre die Einsicht gewonnen, daß das Ziel einer progressiven Umgestaltung nicht nur der politischen, sondern auch der sozialen und ökonomischen Ordnung des italienischen Staatswesens im sozialistischen Sinne nicht »auf der Basis eines bloßen Voluntarismus und der kämpferischen Kräfte der arbeitenden Massen« erreicht werden konnte, sondern nur, wenn man »den Blick immer auf das Mögliche richtet und Kampfbereitschaft und Entschlossenheit mit Vorsicht und Wendigkeit verbindet«.

Gegen Ende jenes Jahres veröffentlichte der Parteisekretär der KPI, Enrico Berlinguer, in der Wochenzeitung »Rinascita« in drei Folgen einen Artikel, in dem er nach einer »sorgfältigen Betrachtung der weltpolitischen Lage« eine »Betrachtung über Italien nach den chilenischen Ereignissen« anstellte und zu einer politischen Diagnose der italienischen Situation schritt[17].

Berlinguer erklärte ganz offen, er gebe zu, daß die organisierte Arbeiterklasse, auch wenn sie kämpferisch gesinnt sei, stets eine Minderheit bleiben werde, und daß zudem die Entwicklung in der italienischen Gesellschaft in den letzten dreißig Jahren die Reihen der Mittelschichten auf Kosten der Arbeiterschaft verstärkt hätte. Er fügte dann hinzu: Um ein Programm tiefgreifender Reformen und radikaler gesellschaftlicher Veränderungen durchzusetzen, »ohne weite Teile der

Mittelschichten in eine feindliche Position zu drängen«, bedürfe es einer sorgfältigen Wahl der Prioritäten und der Zeitpunkte der Veränderungen. Deshalb sei eine Zusammenarbeit unerläßlich, um den Zusammenbruch der Wirtschaft zu verhindern und die Leistungskraft des ökonomischen Prozesses zu sichern. Jedenfalls erfordere der Aufbau des »Sozialismus« auf demokratischem Wege von Seiten der KPI die Suche nach politischen Bündnissen.

Nachdem Berlinguer ausgeschlossen hatte, daß eine Linkskoalition, die auch im günstigsten Fall nur auf eine zu geringe parlamentarische Mehrheit hätte zählen können, genügen könne, um die von ihm genannten Ziele zu erreichen, schlug er eine »Zusammenarbeit« und ein »Übereinkommen der Volkskräfte kommunistischer und sozialistischer Prägung mit den katholisch inspirierten Volkskräften sowie mit Gruppierungen anderer demokratischer Richtungen vor«.

Die Democrazia Christiana, so bemerkte Berlinguer, »versammelt in ihren Reihen oder unter ihrem Einfluß einen großen Teil der arbeitenden Volksmassen mit katholischer Orientierung«; sie ist »eine nicht nur vielgestaltige, sondern auch sehr veränderbare Realität«, deren Veränderlichkeit »sowohl durch die innere Dialektik als noch mehr durch die Art und Weise bedingt ist, wie sich die internationalen und die innenpolitischen Ereignisse entwickeln«.

Der Sekretär der KPI schloß (und hatte dabei offensichtlich die übergroße Mehrheit der Partei hinter sich): »Aufgabe der Kommunistischen Partei im Hinblick auf die DC kann es heute nur sein, diejenigen Kräfte zu isolieren und mit drastischen Mitteln niederzuringen, die auf eine vertikale Spaltung des Landes abzielen . . ., und darauf hinzuarbeiten, daß die Kräfte, welche die Notwendigkeit . . . eines konstruktiven Dialogs und eines Übereinkommens zwischen den verschiedenen Volkskräften einsehen, immer größeres Gewicht bekommen, bis sie schließlich vorherrschen. Das bedeutet nicht Verwischung und Verzicht auf die Unterschiede und die ideellen und politischen Verschiedenheiten, die jede dieser Kräfte gegenüber der anderen abhebt«. Berlinguer präzisierte schließlich, daß eine derartige strategische Linie im Kampf um die Errichtung der sozialistischen Gesellschaft auf demokratischem Wege »der neue ›historische Kompromiß‹ zwischen den Kräften genannt werden könne, welche die große Mehrheit des italienischen Volkes sammeln und repräsentieren«.

Es ist im Zusammenhang dieses Referates nicht nötig, im einzelnen jene wichtigen politischen Ereignisse darzustellen, die sich in Italien nach 1973 abgespielt haben und wodurch die allgemeine politische Situation des Landes grundlegend verändert wurde. Es sollen nur kurz die bezeichnendsten Vorgänge erwähnt werden; hierzu genügt es, sie in ihrer chronologischen Abfolge zu nennen:

– Das »Referendum« über die Ehescheidung vom 12. Mai 1974, dessen Ergebnis in brutaler Weise offenlegte, daß die italienischen Katholiken keine homogene kulturelle Gruppe mehr darstellen;

– die Regional- und Kommunalwahlen vom 5. Juni 1975 und die Parlamentswahlen vom 20. Juni 1976, die bemerkenswerte Verlagerungen innerhalb der Wählerschaft zur marxistischen Linken hin anzeigten. Bei den Parlamentswahlen erlebte die KPI einen Stimmenzuwachs auf 34% der Gesamtwählerschaft;

– die Bildung einer christlich-demokratischen Einparteienregierung nach den Wahlen von 1976, die sich auf das sogenannte »Nicht-Mißtrauen« der KPI stützte. Es handelte sich dabei um eine Regierungsformel, die der Democrazia Christiana »aufgezwungen« wurde einerseits durch die Tatsache, daß die Sozialistische Partei und die anderen kleinen demokratischen Parteien, die aus den Wahlen stark geschwächt hervorgegangen waren, sich entschieden gegen eine Koalition mit der Partei der Katholiken zur Bildung einer irgendwie gearteten Regierungsmehrheit ohne die Kommunisten erklärten, andererseits durch die Notwendigkeit, mit einer stabilen Regierung sowohl die sich ständig verschärfende Wirtschaftskrise des Landes als auch die beängstigende Krise der öffentlichen Ordnung anzugehen;

– schließlich ist der starke Druck zu erwähnen, den die KPI seit dem Spätherbst 1977 auf die DC ausübte, um ihren Eintritt in die Regierungsmehrheit zu erreichen. Dieser Druck hat in der ersten Hälfte des Monats März 1978 zur Bildung einer Regierung geführt, die sich im Parlament nun auch auf die Stimmen der Kommunisten stützen konnte. Die neue »Mehrheit« wurde als »programmatische Mehrheit« bezeichnet, um sie mit beinahe byzantinischer Spitzfindigkeit von einer echten und eigentlichen »Regierungsmehrheit« zu unterscheiden.

Es muß unterstrichen werden, daß die KPI derzeit in der Lage ist, jedweder Regierung in Italien eine Hypothek aufzulasten, weil sie im Parlament 37 % der Sitze innehat gegenüber 42 % DC-Sitze, weil sie zusammen mit anderen Parteien in einem großen Teil der Kommunen, insbesondere in vielen Großstädten, an der Macht ist und weil sie direkt oder indirekt einen großen Teil der Gewerkschaften kontrollieren kann. (Die Ergebnisse der Kommunal- und Regionalwahlen vom 14. Mai 1978, die etwa ein Zehntel der wahlberechtigten Italiener betrafen, scheinen eine Tendenzumkehr bei der Wählerentscheidung anzuzeigen. Es ist aber noch zu früh, um daraus Schlüsse über die möglichen Entwicklungen der politischen Situation in Italien zu ziehen.)

Man pflegt zu sagen, daß der »jugendliche Protest«, der in den italienischen Schulen gegen Ende des Jahres 1967 aufbrach und der sich im Laufe des Jahres 1968 ausbreitete und verstärkte, sowie der Ausbruch der Gewalt in der Arbeitswelt während des sogenannten »heißen

Herbstes« 1969 nicht von den Kommunisten »gelenkt« und von ihnen nicht einmal besonders ermutigt wurden. Es steht aber fest, daß die KPI die Partei war, die aus derartigen schwerwiegenden Unruhen die größten politischen Vorteile zog.

In der Tat beschleunigte sich von da an in beeindrukkendem Maße der Prozeß der Durchdringung des gesamten soziokulturellen Lebens in all seinen Verzweigungen mit der marxistisch inspirierten Kultur. Von da an wurde der »Marxismus« in seinen verschiedenen Ausprägungen immer unverhüllter zur »Mode-Ideologie« (soweit nicht zur schlechthin herrschenden Ideologie) und dies sowohl in einigen der einflußreichsten intellektuellen Zirkel (insbesondere bei den Lehrenden jeder Art im gesamten schulischen Bereich und bei den »Trägern« der Massenmedien) als auch in den Gewerkschaften.

Dies alles spielte sich nun ausgerechnet in einer Zeit ab, in der eine »kulturelle« Krise ohne Beispiel in der Geschichte mit Gewalt über die katholische Welt und, in einem allgemeineren Sinne, über die Welt derer hereinbrach, die immer rückhaltlos an die Grundwerte der christlichen Tradition des Abendlandes geglaubt hatten. Auf der anderen Seite machten die schweren Sorgen um die Zukunft der Volkswirtschaft, auf die sich die internationale Währungskrise 1971 und die Energiekrise 1973 zusammen mit einigen extremistischen, manchmal anarchistischen Forderungen der Gewerkschaften negativ ausgewirkt hatten, die italienischen Bürger in besonderem Maße anfällig für die oft demagogische Kritik an der Rückständigkeit der in ihrem Land bestehenden gesellschaftlichen Strukturen.

Der »Vorschlag« Berlinguers eines »historischen Kompromisses« wurde in diesem besonderen sozio-kulturellen und sozio-ökonomischen Kontext lanciert. Die politischen Ereignisse, die folgten, finden sicherlich eine Erklärung in diesen anormalen Verhältnissen.

4. *Der »Eurokommunismus« der KPI und die Perspektiven einer »sozialistischen Demokratie«*

Die in der KPI organisierten italienischen Kommunisten haben in den letzten Jahren eine Sprache und politische Haltungen angenommen, die in starkem Gegensatz stehen zu ihren traditionellen Ausdrucks- und Verhaltensweisen. Seit geraumer Zeit pflegen sie bei jeder sich bietenden Gelegenheit, feierliche Loylitätserklärungen für die Demokratie abzugeben und betonen, daß sie den kulturellen und politischen »Pluralismus« akzeptieren und darüber hinaus alle Institutionen der formalen Demokratie, die in den westlichen Demokratien bestehen, respektieren wollen.

Außerdem nehmen sie in besonderer Weise auf die Democrazia Christiana Rücksicht und bemühen sich um gute Beziehungen zu allen anderen bürgerlich-demokratischen Parteien; sie pflegen gerne den Dialog mit dem »Mittelstand«; sie zeigen sich entschieden kooperativ bei der Lösung der wirtschaftlichen Probleme des Landes und zögern nicht, über diese Probleme selbst mit den höchsten Vertretern der Unternehmerschaft zu verhandeln; sie sind sogar soweit gegangen, durch den Mund ihres politischen Sekretärs zu erklären, sie wollten »konservativ und revolutionär zugleich« sein[18]; sie beteuern, sich ernsthaft mit der öffentlichen Ordnung zu beschäftigen und gebrauchen harte Worte sowohl gegen die Terroristen als auch gegen die außerparlamentarische Linke; sie beeilen sich schließlich auch, den größten Respekt vor Religion und Kirche an den Tag zu legen. In diesem Zusammenhang ist ein im Oktober 1977 von Enrico Berlinguer an den Bischof einer kleinen italienischen Diözese, Msgr. Luigi Bettazzi, gerichteter und in Nr. 40 der Zeitung »Rinascita« am 14. Oktober 1977 publizierter offener Brief bezeichnend. Darin versucht der Sekretär der KPI die Katholiken zu beruhigen, indem er unter anderem sagt, daß in seiner Partei »der Wille besteht und zum Tragen kommt . . . in Italien nicht nur eine Partei, die weltanschaulich und demokratisch neutral ist, aufzubauen und mit Leben zu erfüllen, die als solche weder theistisch noch atheistisch noch anti-theistisch ist, sondern auch in direkter Konsequenz einen Staat zu wollen, der weltanschaulich und demokratisch neutral ist, der ebenfalls weder theistisch noch atheistisch noch antitheistisch ist«.

Ganz sicher steht man hier vor einer kommunistischen Partei, die eine neue politische Linie eingeschlagen hat. Dabei handelt es sich um eine Linie, die verschiedene Analogien zu den seit einigen Jahren von der Kommunistischen Partei Frankreichs des Georges Marchais und von der Kommunistischen Partei Spaniens des Santiago Carillo – vielleicht autonom – entwickelten »politischen Linien« aufweist. Aus diesem Grund haben Journalisten und Politologen sie unter Benutzung eines zumindest anfechtbaren Neologismus »Eurokommunismus« genannt.

Seit 1975 wird darüber gestritten, was denn der »Eurokommunismus« der KPI, in Begriffe der politischen Theorie und Praxis gefaßt, in Wirklichkeit sei. Die einen glauben, daß der »Eurokommunismus« eine echte und wirkliche »Wende« auf ideologischer wie auf konkret-politischer Ebene im italienischen Kommunismus darstellt, der sich jetzt endgültig vom marxistisch-leninistischen Modell Moskauer Prägung gelöst habe oder sich davon endgültig lösen wolle; die anderen dagegen meinen, daß dieser sogenannte »Eurokommunismus« der KPI nur ein »taktisches Mittel« ist, zu dem die italienischen Kommunisten greifen, um »auf demokratischem Wege« an die Macht zu gelangen.

Es ist festzuhalten, daß für den politischen Beobachter und offensichtlich mehr noch für den Wissenschaftler in diesem Fall das Problem nicht darin besteht herauszufinden, welche politische Linie von dem einen oder anderen Exponenten der KPI akzeptiert wird oder welche Konzeption er verteidigt, auch nicht im Urteil darüber, ob der eine oder andere kommunistische Exponent oder Intellektuelle sich »bona« oder »mala fide« äußert oder handelt, vielmehr liegt es in der Bestimmung dessen, was die wirkliche, offizielle politische Linie der Kommunistischen Partei ist.

Zum Abschluß dieses Referates soll auf diese letzte Frage kurz eingegangen werden.

Enrico Berlinguer hat vor kurzem in einem »Bericht« vor dem Zentralkomitee der KPI über den offiziellen Standpunkt seiner Partei zum »Eurokommunismus« folgendes ausgeführt: »Wenn man unter dem Eurokommunismus ein neues Führungszentrum oder ein neues inter- oder supranationales Organisationszentrum einiger kommunistischer Parteien Westeuropas verstehen würde, hätte dieser Begriff keinen Sinn, weil es ein solches Zentrum nicht gibt, und wir auch nicht vorschlagen, es aufzubauen. Im übrigen sind auch in Westeuropa die objektiven Verhältnisse, die politischen Ausrichtungen und Traditionen von Land zu Land, von Partei zu Partei verschieden. Es haben sich jedoch wesentliche Züge herausgebildet und abgezeichnet, die einigen kommunistischen Parteien in Westeuropa gemeinsam sind, und eben dieses Phänomen ist gemeint, wenn von ›Eurokommunismus‹ die Rede ist«[19].

In demselben »Bericht« hatte Berlinguer zunächst mit Nachdruck unterstrichen, daß die KPI während der langen Jahre, in denen sie sich »aus Prinzip von der Möglichkeit der Regierungsbeteiligung« ausgeschlossen habe, sich nicht zu einem Gebilde vom Typ der Sozialdemokratie habe »denaturieren« lassen. Sodann umschrieb er den derzeitigen Zustand seiner Partei folgendermaßen: »Unsere Partei hat ihren theoretischen und politischen Ansatz gewissenhaft und kontinuierlich, ohne zu improvisieren, fortentwickelt und teilweise erneuert. Dabei hat sie ihr eigenes Konzept des Kampfes für den Sozialismus auf demokratischem Wege und für einen sozialistischen Staat vertieft und präzisiert, der gegründet ist auf allen Freiheiten, den religiösen, bürgerlichen und politischen, sowie auf dem System der parlamentarischen Demokratie, dem Parteienpluralismus, der Regierungsalternative entsprechend der Mehrheitsregel«[20].

Die vom Sekretär der KPI gebrauchte Sprache weckt zwar auf den ersten Blick die Vorstellung, daß hier eine wirkliche politische »Wende« im Gange sein könnte, doch kommt der aufmerksame Beobachter bald zu der Feststellung oder jedenfalls zu dem ernsthaften Verdacht, daß die italienischen Kommunisten auch weiterhin die Rede von der Demokratie zum Zwecke der Errichtung jenes noch immer nicht klarer definierten »sozialistischen Staates« einsetzen, von dem in diesem Referat die Rede war und den die Schriften des orthodoxen Marxismus-Leninismus ausführlich behandeln.

Diese einschränkende Interpretation der aus dem »Bericht« Berlinguers zitierten Stellen findet eine Stütze in dem Gesamtzusammenhang des Berichtes, in dem viele inhaltliche Bezugspunkte zur marxistisch-leninistischen Ideologie enthalten sind. Ein Beispiel mag genügen. Berlinguer sagte, die »Erneuerung« Italiens müsse durch eine »Umwandlung« der italienischen Gesellschaft im Zeichen der politischen Freiheit und der sozialen Gerechtigkeit »auf dem Weg der Demokratie und des Sozialismus« erfolgen; er erklärte aber auch, die auf die Durchsetzung der erwähnten Umwandlung gerichtete Aktion sei der »besondere, nationale« Ausdruck jener »realistischen und wirksamen Aktion«, die darauf abziele, »den Einigungsprozeß der Arbeiterbewegung und der revolutionären und fortschrittlichen Bewegungen auf Weltebene voranzutreiben, um einen neuen Internationalismus aufzubauen«[21].

Die wahre ideologische Linie, welcher der Eurokommunismus der KPI letzten Endes folgt, wird in dem folgenden Abschnitt einer Rede deutlich, die Berlinguer am 5. März dieses Jahres, also kaum einen Monat nach dem Bericht vor dem Zentralkomitee, auf der VII. Arbeiterkonferenz der KPI in Neapel gehalten hat: »Wenn es wahr ist, was in der Tat stimmt, daß der Kapitalismus eine Strukturkrise erlebt, die nur durch die Veränderung der Strukturen überwunden werden kann, wenn es wahr ist, daß die alten herrschenden Klassen heute nicht mehr zur Erfüllung ihrer nationalen und weltweiten Führungsaufgabe imstande sind, dann ist es notwendig und dringlich, den Übergang zum Sozialismus einzuleiten. Die Hauptaufgabe fällt dabei der Arbeiterklasse zu, dem Gegenspieler der kapitalistischen Klasse. Wir sind überzeugt, daß sich unter den Bedingungen hier und heute die Führungsfunktion der Arbeiterklasse auf dem Weg über die Pluralität der Parteien, der Gewerkschaften, der gesellschaftlichen Organisationen und der Institutionen demokratisch bewähren und ausdrücken kann und auch muß. In dieser Überzeugung – und nicht in Organisationsformen, die es noch nicht gibt und die auch niemand schaffen will – liegt das Wesen dessen, was ›Eurokommunismus‹ genannt worden ist«[22].
Berlinguer spricht zwar in dem angeführten Text vom »Pluralismus« der Institutionen, aber er spricht davon, indem er gleichzeitig mit »Nachdruck«[23] das Konzept der totalen »Hegemonie« der »Arbeiterklasse« von Lenin und Gramsci bestätigt.
Man darf nicht vergessen, daß der kommunistische »Leader« am 30. Januar 1977, als er vor den »Arbeiterkadern« der Partei in Mailand sprach, unter Berufung auf die Ideologie, zu der sich die KPI bekennt, gesagt hat: »Gramsci und Togliatti bleiben unsere großen Lehrer. Ohne ihren entscheidenden Beitrag in Theorie und Praxis wäre unsere heutige Politik nicht einmal ge-

boren worden, noch könnte sie sich so entwickeln, wie wir es derzeit anstreben. Wir glauben deshalb das Recht zu haben, die Genossen, vor allem die jungen, und auch einige Vertreter des Geisteslebens einzuladen, die Schriften Gramscis und Togliattis zu lesen, damit sie daraus nicht nur erfahren, was diese geschrieben haben, sondern auch die Methode kennenlernen, die dazu dient, die fortschreitende Geschichte, die sich wandelnde Wirklichkeit als Revolutionäre verstehen und interpretieren zu lernen«[24].

In derselben Rede hatte Berlinguer nach einem kritischen Urteil im Hinblick auf »gewisse anti-liberale Züge der politischen Regime in einigen Ländern Osteuropas« erklärt: »Wir sagen Nein, wenn jemand uns dazu bringen will, zum Beispiel die entscheidende historische Funktion der Oktoberrevolution zu leugnen, die unwiderruflichen Errungenschaften der sozialistischen Systeme und den sozialistischen Charakter der Produktionsverhältnisse, die tatsächlich und unbestreitbar in diesen Ländern verwirklicht worden sind, und die Funktion, die diese Länder im Kampf um den Frieden haben«[25].

Bekanntlich ist in dem im März 1975 vom 14. Parteikongreß angenommenen »Statut« der KPI in Artikel 5 festgelegt: »Jedes eingeschriebene Mitglied ist verpflichtet, . . . die Kenntnis des Marxismus-Leninismus zu erwerben und zu vertiefen und seine Lehren bei der Lösung der konkreten Probleme anzuwenden.« Bis jetzt ergibt sich nicht, daß die KPI dem »historischen Materialismus«, wenigstens in der Version von Gramsci, jemals abgeschworen hätte; in dieser Version ist der »historische Materialismus« identisch mit dem »absoluten Historizismus«, mit der »absoluten Verweltlichung und Diesseitigkeit des Denkens«, mit einem »absoluten Humanismus der Geschichte«[26]. Auf der anderen Seite weiß der führende italienische Kommunist, daß für Gramsci »eine Auffassung, wonach die Philosophie der Praxis keine völlig autonome und unabhängige Denkstruktur sei, die im Gegensatz zu allen traditionellen Philosophien und Religionen steht, in Wahrheit bedeutet, daß man die Bindungen an die alte Welt noch nicht zerschnitten, ja geradewegs kapituliert hat«[27].

Was der gegenwärtige politische Augenblick in Italien für die KPI bedeutet, ist von Enrico Berlinguer in unmißverständlich marxistisch-leninistischen Begriffen in der schon erwähnten Rede vom vergangenen März in Neapel dargelegt worden: »Die Arbeiterklasse und ihre Organisationen, die italienische Arbeiterbewegung in ihren aus verschiedenen Quellen stammenden Komponenten sind an jenem Punkt ihres mühsamen und säkularen Aufstiegs angelangt, an dem das Problem ihres Eintritts in die politische Führung der Gesellschaft und des Staates auf der Tagesordnung steht . . . Es ist vor allem die Arbeiterklasse, also wir, die verstehen müssen, daß wir uns an diesem Punkt unseres Weges nicht mehr zurückziehen, daß wir nicht mehr umkehren können, vielmehr müssen wir alle unsere Kräfte, alle unsere Erfahrungen, unsere ganze Kampfbereitschaft und Intelligenz zusammenfassen, um vorwärts zu schreiten. Wehe, wenn wir uns verlieren und in einem bloßen, nicht folgerichtigen Rebellentum erschöpfen, in korporativer Beschränkung, wodurch die Arbeiter- und Volksbewegung zersplittert wird, oder in kleinlichem opportunistischem Geschäft. Jede einer solchen falschen Kursbestimmung würde die Arbeiterklasse in Unterwürfigkeit, in Rückständigkeit, in eine schwere Niederlage stürzen«[28].

Wie jener »demokratische und sozialistische Staat« in Italien aussehen würde, der entstehen soll, wenn der »Arbeiterklasse« schließlich die Eroberung »der politischen Führung der Gesellschaft und des Staates« gelungen sein wird, läßt sich sehr leicht aus dem ableiten, was Berlinguer nahestehende einflußreiche Exponenten

und Gelehrte der KPI – wenngleich in vorsichtigen und gesteuerten Formulierungen – sagen, wenn sie den Mitgliedern der Partei erklären, in welchem Sinne und auf welche Weise das von Lenin und Gramsci entworfene Konzept der »Hegemonie« sich in den »Kampf für den Sozialismus« einfügt und angewandt werden muß.
Zwei Zitate mögen genügen, um deutlich zu machen, wie doppelzüngig – um es vorsichtig auszudrücken! – die »eurokommunistische« Rede der italienischen Kommunisten über den zukünftigen »sozialistischen Staat« ist.
Giorgio Napolitano, der seit vielen Jahren Präsidiumsmitglied der KPI und gegenwärtig für die Kulturkommission des Zentralkomitees »verantwortlich« ist, hat sich auf der bereits mehrfach erwähnten »Arbeiterkonferenz« in Neapel folgendermaßen ausgelassen: »Für uns bedeutet Hegemonie nicht ›Herrschaft‹, sondern eine auf Konsens beruhende Führung, eine ›intellektuelle und moralische Führung‹, eine überlegene Fähigkeit, die Produktiv- und Staatskräfte zu lenken . . . Wie es in unserem Land und in anderen kapitalistischen Ländern historisch eine Hegemonie der Bourgeoise gegeben hat, die sich an den Höhepunkten der Entwicklung im Bereich des parlamentarischen Regime und des Pluralismus herausbildete, so wird die Hegemonie der Arbeiterklasse sich ihrerseits bei voller Respektierung der Prinzipien einer pluralistischen Demokratie verwirklichen. Dies ist unsere Vision vom Sozialismus, dies ist das Ziel, auf das wir uns zubewegen und für das die Grundvoraussetzungen zu schaffen wir uns heute schon einsetzen . . . Wir sind überzeugt, daß sich bei dem Bemühen, Italien aus der Krise herauszuführen, positive Konvergenzen auch zwischen antagonistischen Klassen anbieten und durchsetzen können. Das bedeutet aber nicht, daß man von der Arbeiterbewegung verlangen kann, auf den Wettstreit um die Hegemonie zu verzichten, in der Anstrengung nachzulassen,

der sie sich stärker als je zuvor unterzieht, nämlich zu beweisen, daß es die ihr eigene Aufgabe ist und daß sie fähig ist, das Land zu regieren«[29].
Aldo Tortorella, seit einem Jahrzehnt Mitglied des Politbüros der Kommunistischen Partei, führte seinerseits in einer Intervention auf der III. Internationalen Studientagung über Gramsci im Dezember des vergangenen Jahres in klaren Worten aus: »Sicher nicht erst seit kurzem bildet sich im Zentrum des ›italienischen Weges zum Sozialismus‹ die Vision von einem Verhältnis zwischen Demokratie und Sozialismus heraus, bei dem es keine Trennung zwischen den beiden Begriffen gibt . . . All das heißt jedoch nicht, daß eine Position innerhalb der Demokratie und ein mit der demokratischen Methode geführter Kampf gleichbedeutend sind mit einer Beschränkung auf die Hinnahme des Bestehenden, und daß man nicht daraufhin zielen könnte und müßte, mit der ganzen sozialistischen Kraft die gegenwärtigen Produktionsverhältnisse zu überwinden, letzten Endes den Staat selbst zu überwinden und damit die Beseitigung der Unterscheidung zwischen Regierenden und Regierten zu erreichen«[30].

Eine kurze Schlußbetrachtung

Die moderne Staatswissenschaft lehrt uns, daß ein »demokratisches« politisches System (im westlichen Sinne des Begriffs) – also ein System, in dem »der Staatsapparat« nicht als Träger einer »absoluten Gewalt« und der Bürger nicht einfach als »Untergebener« betrachtet wird«, wenigstens darin einwilligen muß, daß das »Volk« sich wie eine freie Personengesellschaft oder, genauer ausgedrückt, wie eine Gesellschaft organisiert, in welcher alle Bürger die gleiche Würde besitzen und die gleichen Grundrechte genießen, sich ihrer Personalität, ihrer Pflichten und ihrer Rechte bewußt sind, und jeder die Freiheit des anderen voll respektiert.

Die KPI definiert sich in der »Präambel« ihres »Statuts« als die »avantgardistische politische Organisation der Arbeiterklasse und aller arbeitenden Menschen«. Wie wir gesehen haben, nimmt sie für sich selbst ohne Umstände die Hegemonialfunktion bei der Führung des Volkes in den »Sozialismus« in Anspruch. Auf der anderen Seite erklärt sie aufgrund einer ausdrücklichen Bestimmung ihres Statuts (Artikel 18) im Hinblick auf das parteiinterne Leben, daß sie »auf den Grundsätzen des demokratischen Zentralismus« aufbaue: Diese Grundsätze haben in den Kommunistischen Parteien bekanntlich stets zur Herausbildung einer antidemokratischen, streng vertikal gegliederten Befehlsstruktur geführt. Unter besonderer Bezugnahme auf die KPI hat ein Kenner des Marxismus, der früher Mitglied der Partei war, exakt dargelegt, daß »die Mechanismen der realen Macht« in den zeitgenössischen kommunistischen Parteien folgendermaßen funktionieren: es ist nicht der Kongreß der das Zentralkomitee wählt, sondern das Zentralkomitee, das den Kongreß nominiert; es ist nicht das Zentralkomitee, welches das Präsidium wählt, sondern das Präsidium, welches das Zentralkomitee ernennt; es ist nicht das Präsidium, welches das Politbüro wählt, sondern das Politbüro, welches das Präsidium ernennt[31].

Wie Berlinguer behauptet, bekennt sich die KPI nicht »ausdrücklich zur marxistischen Ideologie mit ihrer atheistischen materialistischen Philosophie«[32]; jedoch geht sie de facto – immer laut Berlinguer – mit pragmatischen Kriterien an die Bestimmung ihrer politischen Ziele und an die Ausarbeitung ihrer Programme auf der Basis »einer wissenschaftlichen Analyse der Gesellschaft und der historischen Entwicklung« heran, die erarbeitet worden ist im »idealen Geist« der »großen lebendigen Lehre, die von den Meistern des revolutionären politischen Denkens, von den Begründern der kommunistischen Bewegung überkommen ist«. Es ist offensichtlich, daß die »wissenschaftliche Analyse«, um die es sich hier handelt und die auch als »marxistische Analyse« bezeichnet wird, von metaphysischen Voraussetzungen ausgeht, die an eine immanentistische und materialistische Anschauung von der Welt und vom Menschen gebunden ist: an eine Anschauung, in welcher der »Mensch« niemals in seiner »personalen« Dimension gesehen, sondern ausschließlich als »menschliche Totalität«, als »Masse«, als »kollektives Wesen« betrachtet wird.

Wenn man bedenkt, wie die Dinge im offiziellen italienischen Kommunismus liegen, kann man vernünftigerweise nicht mehr annehmen, daß die Kommunistische Partei, wenn sie die Macht in Italien einmal erobert hat, imstande oder auch nur bereit sein wird, einen »sozialistischen Staat« ins Leben zu rufen, der in Wahrheit noch »demokratisch« genannt werden könnte.

Anmerkungen

[1] Guiseppe Toniolo, Il concetto cristiano della democrazia, in: Opera omnia di G.T., Serie III, Vol. II, Vatikanstadt 1949, S. 23.

[2] Vgl. ebda., S. 23 ff.

[3] Christian-Friedrich Menger, Der Begriff des sozialen Rechtsstaates im Bonner Grundgesetz, Tübingen 1953, S. 26.

[4] Vgl. N. Lenin, Staat und Revolution, Berlin-Wilmersdorf 1918, S. 88 ff.

[5] Il marxismo e le scienze sociali, Colloquio con Umberto Cerroni, in: Rinascita, Nr. 29 vom 16. Juli 1971, S. 22.

[6] U. Cerroni, Esiste una scienza politica marxista?, in: Rinascita, Nr. 46 vom 21. November 1975, S. 21.

[7] A. Gramsci, Quaderni dal carcere, Edizione critica a cura die V. Gerratana, Torino 1975, II, S. 1385.

[8] Moskau 1920; vgl. W. I. Lenin, Werke, Bd. 31, Dietz Verlag Berlin [2]1964, S. 55 ff.

[9] Vgl. Franco Rodano, Sulla politica dei comunisti, Torino 1975, passim.

[10] Norberto Bobbio, Quale socialismo?, Torino 1976, S. 27.

[11] A. Gramsci, Quaderni dal carcere, II, S. 1380 ff.

12 Ebda., S. 1434 f.
13 Ebda., S. 1387.
14 L. Rosa, Der Eurokommunismus der KPI und die italienischen Katholiken, in: Stimmen der Zeit, 196. Band, März 1978.
15 W. I. Lenin, Der »linke Radikalismus«, die Kinderkrankheit des Kommunismus, in: Werke, Bd. 31, Dietz Verlag Berlin ²1964, S. 56 f.
16 Ebda., S. 57 f.
17 Nr. 38 vom 28. September 1973, Nr. 39 und 40 vom 5. und 12. Oktober 1973, jeweils auf S. 3 ff.
18 E. Berlinguer in einer offiziellen Ansprache: »L'Unità«, 6. März 1978, S. 4.
19 Vgl. »L'Unità«, 27. Januar 1978, S. 9.
20 Ebda. S. 8.
21 Ebda. S. 8.
22 »L'Unità«, 6. März 1978, S. 3.
23 Ebda.
24 »L'Unità, 31. Januar 1977, S. 4.
25 Ebda.
26 A. Gramsci, Quaderni dal carcere, II, S. 1437.
27 Ebda. S. 1434.
28 Vgl. »L'Unità«, 6. März 1978, S. 4.
29 Vgl. »L'Unità«, 4. März 1978, S. 7.
30 Vgl. »Rinascita«, Nr. 50–51 vom 23. Dezember 1977; auch in »L'Unità«, 12. Dezember 1977, S. 3.
31 L. Colletti, Intervista politico-filosofica, Bari 1974, S. 12.
32 »Rinascita«, Nr. 40 vom 14. Oktober 1977, S. 3.

Joseph Rovan

Die Katholiken und die marxistische Versuchung in Frankreich

Aspekte und Tendenzen

Es ist mir eine Freude, zu Ihnen sprechen zu dürfen. Zunächst weil ich es seit vierzig Jahren als meine Hauptaufgabe ansehe, zwischen dem deutschen und französischen geistigen Raum vermittelnd und erklärend aufzutreten, und dies in den verschiedenen Funktionen, die vom KZ-ler in Dachau bis zum Professor der Germanistik an der Universität Paris-Vincennes gegangen sind; aber vor allem auch, weil die Vorgänge im christlichen und katholischen Bereich mich als Christ und politisch interessierten Menschen besonders beschäftigt haben.

Bei dem mir gestellten Thema habe ich mich sofort gefragt, was dabei das Wort »Versuchung« bedeutet. Versuchung – wenn ich an den Text denke, in dem dieses Wort für uns alle eine grundlegende Rolle spielt – bedeutet ja irgendetwas, das gefährlich ist, aber gleichzeitig in sich die Möglichkeit trägt, als interessant, schön, anziehend, würdig aufgefaßt zu werden; denn etwas, das nur abstoßend wäre, kann uns ja nicht in Versuchung führen. Infolgedessen nehme ich an, daß in der Auswahl dieses Wortes bereits die Idee lag, daß wir es hier mit etwas um so Gefährlicherem zu tun haben, als dieses Etwas eben in sich viele Elemente der Anziehungskraft trägt. Was ich nun über das Verhältnis zwischen den französischen Katholiken und dem Marxismus zu sagen habe, wird diese Auslegung bestätigen.

Wenn wir das Wort Marxismus im vorliegenden Zusammenhang betrachten, so könnte es auf drei Ebenen behandelt werden. Zunächst einmal will Marxismus als ein Gegenstand der Nationalökonomie, der Philosophie, oder sogar der theologischen Wissenschaft angesehen werden, den man als Objekt von wissenschaftlichen Erkenntnissen diskutieren könnte. Damit sind die Probleme verbunden, welche die Rezeption des Marxismus als Corpus von Doktrinen in Frankreich aufwirft.

Die zweite Ebene, auf der wir vom Marxismus im Verhältnis zu den französischen Katholiken sprechen könnten, wäre die einer Opinio, einer Meinung von den gesellschaftlichen, wirtschaftlichen, historischen Dingen. Diese Meinung ist selbstverständlich abgeleitet, sozusagen vulgarisiert, aus dem Marxismus, der sich als Wissenschaft betrachtet und der als Objekt von Wissenschaft behandelt werden kann. Sie stellt eine weit verbreitete Auffassung von politischen, gesellschaftlichen und wirtschaftlichen Dingen dar, die eine Praxis oder entsprechend verschiedene Praktiken inspiriert.

Drittens kann vom Marxismus gesprochen werden in einer sehr viel einfacheren, vereinfachenden Weise, indem man ihn mit mehreren politischen Parteien identifiziert, die entweder total oder zum Teil auf dem Marxismus als Doktrin gründen oder die sich zumindest so geben, als wäre die marxistische Ideologie ihre Basis, also mit kommunistischen und sozialistischen Parteien der verschiedenen Gattungen.

Ich glaube, daß das, was hier von mir erwartet wird, eher mit der zweiten und der dritten Ebene zu tun hat als mit der ersten, zu der ich auch keine besondere wissenschaftliche Kompetenz mitbringe; denn ich bin kein Marxologe und habe mich persönlich auch nicht mit Details der marxistischen Ideologie beschäftigt.

Trotzdem scheint es mir zunächst notwendig, einige Worte über die Rezeption des Marxismus als Ideologie in Frankreich zu sagen. Der Marxismus ist ja nicht im 20. Jahrhundert entstanden, er könnte also in Frankreich schon lange wirksam gewesen sein, ist es auch bis zu einem gewissen Maße schon gegen Ende des 19. Jahrhunderts gewesen. Zwei der Schwiegersöhne von Marx waren ja Franzosen und haben zur Vermittlung des Marxismus im französischen Sozialismus einiges beigetragen. Trotzdem hat sich die Vereinigung der französischen sozialistischen Parteien zu Beginn des 20. Jahrhunderts nicht auf der Basis einer klaren doktrinären Marxismusrezeption ereignet. Im Programm der 1906 entstandenen vereinigten sozialistischen Partei sind die Proudhonschen, die anarchistischen Elemente, das, was die Marxisten den »vorwissenschaftlichen Sozialismus« nennen, noch sehr stark wirksam gewesen.

Als ich Schüler war, gehörte immerhin das Kommunistische Manifest bereits zu den philosophischen Texten, die die Schüler der Abschlußklasse des Gymnasiums – ich habe mein Abitur 1936 gemacht – zu studieren hatten – neben Kant, Hegel, Malebranche, Descartes und anderen wichtigen Texten. Die Rezeption des Marxismus als eines wesentlichen Beitrags zum Geistesleben der Humanität war also bereits dabei, sich zu vollziehen. Dennoch kann man sagen, daß der Marxismus im Geistesleben der französischen Intelligenz vor dem Zweiten Weltkrieg keine entscheidende Rolle spielte und daß er im Grunde erst in den allerletzten Jahren eine solche zu spielen begonnen hat.

Dies gilt ganz besonders für die französischen Katholiken, deren geistiger Horizont bis weit in die zwanziger Jahre hinein vor allem durch traditionelle, durch die wiederbelebten neothomistischen Elemente beherrscht

war, so daß die geistige Auseinandersetzung mit dem Marxismus als Doktrin eigentlich erst in den dreißiger Jahren einsetzte. Dann aber haben die Beiträge aus dem katholischen Lager in der allgemeinen Auseinandersetzung mit dem Marxismus auf geistiger und wissenschaftlicher Ebene eine mitführende Rolle gespielt. Theologen und Wissenschaftler wie P. Congar oder P. de Lubac aus der jetzt 80-jährigen Generation waren dabei wegbereitend. Zur nachfolgenden Generation gehört unter anderem P. Niel, ebenfalls Jesuit, der die Vorarbeit zur Rezeption des Marxismus durch eine intensive Auseinandersetzung mit Hegel geliefert hat, welche bis dahin im katholischen Raum in Frankreich nicht stattgefunden hatte; in der dritten Generation sind es weitere zahlreiche Wissenschaftler, unter denen einer der bedeutendsten ohne Zweifel P. Calvez ist, ebenfalls Jesuit.
Diese Rezeption des Marxismus von den frühen dreißiger Jahren ab ist in einem engen Zusammenhang zu sehen damit, daß einerseits der Marxismus damals im französischen Kulturleben eine Rolle zu spielen beginnt, bei Leuten wie Gide und anderen, die den Marxismus sozusagen salonfähig gemacht haben, und daß andererseits in der französischen Gesellschaft und im französischen Katholizismus in diesen Jahren sehr wichtige Entwicklungen einsetzen.

Von der Orientierung nach »rechts« zur Orientierung nach »links«

Ich muß hier ein wenig ausholen und auf die grundlegenden Verschiedenheiten hinweisen, die diese Lage im Vergleich mit der deutschen aufweist. Ich darf daran erinnern, daß die Auseinandersetzung zwischen dem Erbgut der großen französischen Revolution und dem französischen Katholizismus immer auf zwei Bahnen verlaufen ist, wobei die eine bis in die zwanziger und dreißiger Jahre dieses Jahrhunderts die offizielle und fast allein sichtbare war, während die andere zwar immer wieder auftauchte, aber zum Teil, weil sie nicht offiziell anerkannt oder sogar verurteilt wurde, unterirdisch weiterlaufen mußte. Die Etappen der zweiten begannen mit dem Werk eines Lamennais vor seiner Verurteilung, fanden eine neue bedeutende Etappe in dem Werk des Sillon bis zu dessen Verurteilung und wurden in den dreißiger Jahren von neuen Kräften weitergeführt, die dann nicht mehr eindeutige Maßnahmen der römischen Autorität hergerufen haben. Lange Zeit hindurch standen sozusagen 99 Prozent des sichtbaren Katholizismus zu dem geistigen Erbe der Revolution in einer für sie »normalen« und »orthodoxen«, das heißt ablehnenden Haltung, während ihre Anhänger eine kleine Minderheit ausmachten. Das hatte unter anderem zur Folge, daß das Zusammenfallen von Kirche, Religion und Politik in der französischen Geschichte des 19. und beginnenden 20. Jahrhunderts eine ganz andere Rolle gespielt hat als in Deutschland, weil die französischen Katholiken in einer sehr viel prinzipielleren Opposition zum neuen Staat gestanden sind, auf einer ganz anderen Ebene und unter ganz anderen Voraussetzungen als dies im deutschen Kulturkampf der Fall war. Zumindest in Bezug auf die Auffassungen von Gesellschaft, Wirtschaft und Staat ließ der deutsche Kulturkampf sehr viel mehr Gemeinsames zwischen den Streitenden bestehen: eine im Grunde konservative Gesellschaftsauffassung, wie die Masse der deutschen Katholiken und ihrer parlamentarischen und politischen Führer sie vertraten, war hier mit einem im Grunde konservativen Staat, wie dem Bismarckschen Reich, in einen begrenzten, wenn auch heftigen Konflikt geraten. In Frankreich waren die Fronten verhältnismäßig sehr viel härter und radikaler.

Das Erbe der Revolution war vertreten von gesellschaftlichen Schichten und Kräften, die in einem permanenten Krieg standen zu dem, was die Kirche und die französischen Katholiken als das Wesentliche und das zu Behauptende ansahen. Daher fand bis zum Ende des 19. Jahrhunderts in Frankreich eine weitgehende Identifikation zwischen kirchlich-katholischen und politisch konservativ-monarchistischen Positionen statt. Die Staatsform der Republik hat als Ergebnis eines schleichenden und virulenten Bürgerkriegs zwischen dem Katholiken und den anderen Franzosen triumphiert. Ihr Sieg, der Sieg der Republikaner, war eine Niederlage des Katholizismus, so wie er sich auffaßte, und dieser Kampf mußte logischerweise in die von den Katholiken so schwer zu ertragende und so tragisch erlebte Trennung von Kirche und Staat im Jahre 1906 einmünden.

Die Trennung der Kirche vom Staat führte zunächst zu einer Verhärtung des ultramontanen Charakters des französischen Katholizismus, eines Charakters, der an sich im Land des Gallikanismus historisch nicht gegeben war; aber die Kirche hatte die Möglichkeit verloren, sich auf den Staat zu stützen und ihn als einen Verbündeten anzusehen. Zugleich wuchs aber die Notwendigkeit, stärker zusammenzuhalten, mehr als dies je in der Geschichte des französischen Katholizismus gegeben war. Trotz dieser zeitweiligen Verhärtung hat sich auf die Dauer aus der völligen Freisetzung der Kirche gegenüber dem Staat aber auch die Tendenz ergeben sich im innerkirchlichen Raume pluralistisch zu gebärden und die traditionellen Identifikationen in Frage zu stellen. Es handelt sich also um eine doppelte und gegenläufige Bewegung: Der französische Klerus und vor allem der Episkopat sind in den frühen zwanziger Jahren in einem noch sehr viel stärkeren Maße als früher, fast in einer Art von Trotzreaktion, im Zeichen des Widerstandes gegen die Trennung, gegen die Laizisierung des Staates politisch extrem rechts festgelegt.

Man kann in den ersten drei Jahrzehnten dieses Jahrhunderts einen wachsenden Einfluß der Action Francaise auf die Kirche in allen Rängen feststellen bis hinein in die so wichtigen der französischen Kurienkardinäle. Die Action Francaise war die extremste Form der Identifizierung von Monarchie und Kirche, wobei die Kirche bei Maurras im Grunde nur eine instrumentale Rolle spielte – Maurras persönlich war bis in sein hohes Alter ungläubig und war im Grunde, was er selbst manchmal sagte, kein Christ, sondern ein Katholik. Diese Identifikation mit der Action Francaise hat sich in großen Teilen der französischen Kirche bis in die frühen dreißiger Jahre festgesetzt, trotz der Verurteilung durch Pius XI. In dem Maße aber, in dem diese Identifikation nun diskutiert werden mußte, weil sie im Grunde durch die faktischen Entwicklungen in Frage gestellt wurde, weil die Republik gesiegt und sich so gefestigt hatte, daß die Restauration zur Utopie geworden war, haben kleine katholische Gruppen im sozialen Leben die Impulse des Sillon wieder aufgenommen und wollten den Katholizismus aus dem Bündnis mit der Rechten herausholen. Das ist die Zeit, in der eine Zeitschrift wie Esprit geplant wurde – am Ende der zwanziger, zu Beginn der dreißiger Jahre. Diese Gruppen wollten bewußt mit den bisher als normal angesehenen Identifikationen brechen, dabei stellten sie auch neue philosophische Fragen.
Von den offiziellen Vertretern des französischen Katholizismus wurden sie zunächst wie Fahnenflüchtige angesehen, als Leute, die einen Bruch des so notwendigen Zusammenhaltens aller Katholiken gegen den gemeinsamen Feind, die laizistische Republik, auf sich nahmen. Dabei spielte auch das Verhältnis zu Deutschland eine gewisse Rolle, weil Esprit und die anderen nun als Linkskatholiken bezeichneten Nachfolger des Sillon und besonders Marc Sangnier selbst auch die seltsame Identifikation von katholischem Christentum

und militärischen Werten ablehnten, die im französischen Katholizismus im 19. Jahrhundert entstanden war. Einer der dramatischsten Momente der Auseinandersetzung zwischen der Fédération Nationale des Catholiques de France, die damals im katholischen Raum vorherrschte, und Emmanuel Mounier, dem Gründer von Esprit, hatte dieses Thema zum Inhalt. Gegen den immer wieder mobilisierten antideutschen Nationalismus, mit dem der Präsident dieser Vereinigung, General de Castelnau, operierte, der drei Söhne im Krieg verloren hatte und dies bei allen seinen öffentlichen Auftritten zu benutzen pflegte, rief Mounier aus: Mon Général, finden Sie nicht, daß drei Söhne genügen? Die politische Ausschlachtung eines persönlichen Verlustes repräsentierte ein Konglomerat von konservativer Katholizität, französischem Nationalismus, antideutscher Aggressivität, dem die neue Linksgruppe ein Ende setzen wollte.
Diese Infragestellung der alten Identifikationen hat natürlich nicht da ihr Ende gefunden, wo die ersten, die solche Fragen aufbrachten, ein Ende setzen wollten. Von diesem Moment an wird die Auseinandersetzung mit dem nun erst nach Frankreich einströmenden und in Frankreich wirklich rezipierten Marxismus ernst genommen. Nun entstehen die Auseinandersetzungen, von denen ich vorher sprach, die philosophisch, wissenschaftlich, theologisch von Bedeutung sind.
Ein anderer Aspekt, von dem her der Marxismus für Frankreich und den französischen Katholizismus in dieser Zeit relevant wird, ist die Entstehung und die Entwicklung der katholischen Arbeiterbewegung. In dem Maße, in dem sich diese konsolidiert, gerät sie durch die konkrete Auseinandersetzung mit dem vom Arbeitgebertum vertretenen Herr-im-eigenen-Hause-Standpunkt in immer schärfere Konflikte, so daß hier eine Erfahrung der Interessengegensätze, die ursprünglich in den ideologischen Ansätzen der katholi-

schen Gewerkschaften in Frankreich noch nicht gegeben war, einfach erzwungen wird.
Die ersten Texte der Confédération francaise des Travailleurs chrétiens waren noch durchaus konziliant und standen noch keineswegs auf dem Boden des Streikes oder gar des Klassenkampfes. Aber die Auseinandersetzung auf dem Gebiet der Sozialpolitik und der Wirtschaftspolitik haben in steigendem Maße, einmündend in das Erlebnis der Volksfront von 1936, dazu geführt, daß neue teilweise marxistische Gedanken in der katholischen Arbeiterschaft Eingang fanden. Dies wird besonders spürbar in den Ende der zwanziger, Beginn der dreißiger Jahre aktiv werdenden berufsständischen Organisationen der katholischen Jugend, der Jeunesse ouvrière chrétienne (JOC – christliche Arbeiterjugend), der Jeunesse agricole chrétienne (JAC – christliche Landjugend) usw., wobei die Jeunesse ouvrière chrétienne sich in wenigen Jahren immer stärker in eine Richtung entwickelt, die von der Seite der Arbeitgeber, als radikal angesehen wird. Die JOC wurde besonders durch den jungen Bischof von Lille, Achille Liénart, gefördert, der in Rom bei Pius XI. besonders angesehen war und der trotzdem oder gerade deshalb jahrelang die Zielscheibe der wütendsten Angriffe der Action Francaise war. Man kann es Maurras nicht abstreiten, daß er sehr wohl erkannte, wo seine wirklichen Gegner standen. Diese Angriffe haben ihren Teil zu der Verurteilung der Action Francaise beigetragen.
Während also die politische Geschichte des deutschen Katholizismus lange Zeit unter dem Bestreben stand, eine politische Einheit der Katholiken aufrechtzuerhalten, hat die französische Lage schon in den dreißiger Jahren dazu geführt, daß sich die französischen Katholiken vom politischen und gesellschaftlichen Standpunkt her auf verschiedene Tendenzen aufteilten, daß sich hier also ein oft sehr heftig ausgefochtener Pluralismus durchsetzte. Dabei mußten die zeitlich aufein-

ander folgenden und inhaltlich entgegengesetzten Verurteilungen des Sillon und der Action Francaise im Grunde dazu führen, daß die kirchliche Autorität letzten Endes anerkannte, daß sie sich dieser Entwicklung zum politischen Pluralismus nicht entgegensetzen konnte. Wenn aber in dieser Zeit der Marxismus als Doktrin in der französischen geistigen Welt eine größere Aufmerksamkeit fand, wenn führende Theologen sich mit ihm auseinandersetzten, dann konnte dies nicht ohne Folgen für die Entwicklung in den katholischen Gewerkschaften, in der katholischen Arbeiterjugend sowie in anderen Teilen der katholischen Jugend bleiben.
In diesem Zusammenhang muß auch darauf hingewiesen werden, daß die kleine katholische Volkspartei, die nach dem Ersten Weltkrieg in Frankreich gegründet wurde, die Partei der Démocrates Populaires mit 20 bis 25 Abgeordneten, von vornherein sozial sehr weit links und sehr fortschrittlich eingestellt war, also im scharfen Gegensatz zu den zahlreichen politischen Vertretern des konservativen französischen Katholizismus, der zwar keine eigene katholische Partei hatte, der aber in allen konservativen Parteien ansässig war. Die Démocrates Populaires und ihre Tageszeitung L'Aube standen in der Nachfolge des Sillon unter dem direkten Einfluß von Marc Sangnier. 1936 rechneten sie sich zu der Mehrheit, die die Volksfront bildete. Das waren Leute, die gewiß keine Revolutionäre waren und von denen die meisten dann im Jahre 1945 Mitbegründer – soweit sie noch lebten – des MRP wurden. Die Volksfrontregierung von Léon Blum konnte auf die Stimmen der Abgeordneten der Démokrates Populaires zählen, die meistens aus der Bretagne und dem Elsaß stammten. In der Volksfrontregierung amtierte sogar ein Staatssekretär aus dieser kleinen Gruppe. Es ist auch bezeichnend, daß die meisten Démocrates populaires, ebenso wie die Gruppe Esprit, die Dominikaner der Wochenzeit-

schrift Sept und so konservativ eingestellte katholische Schriftsteller wie Georges Bernanos und Francois Mauriac für die spanische Republik und gegen den Franco-»Kreuzzug« Partei ergriffen, wohingegen ihn die meisten deutschen Katholiken ebenso begrüßten. Es ist ebenfalls kein Wunder, daß die Aube unter ihrem Chefredakteur Georges Bidault, dem späteren Präsidenten des Rats der Widerstandsbewegung und Außenminister der IV. Republik, zu der kleinen Minderheit gehörte, die 1938 gegen die Kapitulation von München protestierte.

Vichy und die Folgen

Die nächste wichtige Etappe in der Geschichte ist ohne Zweifel das Vichy-Regime und seine Folgen im politischen Bewußtsein der französischen Katholiken. Dadurch, daß die Masse der Bischöfe aus der Zeit stammte, in der der Nachwuchs der Kirche weitgehend durch die Action Francaise beeinflußt war, hat es ohne Zweifel damals in den höheren Rängen eine Haltung gegeben, die mit der von Maurras übereinstimmte, wenn dieser die französische Niederlage als eine göttliche Überraschung bezeichnete. Man war der Meinung, daß nun die gottlose Republik bestraft worden war. Die Niederlage von 1940 wurde als die verdiente Strafe für die Trennung von Kirche und Staat von 1906 angesehen. Der an und für sich persönlich religiöse, aber von der konservativen Welle getragene Marschall Pétain erschien als der Restaurator des alten christlichen Frankreich. Daher eine nicht zu verhehlende positive Haltung des größten Teils des französischen Katholizismus zum Vichy-Regime, zumindest in dessen ersten Jahren, als es als konservativ erschien und noch nicht einfach als Handlanger des Nationalsozialismus. Im Gegensatz zu dieser Mehrheitsmeinung brauchte es einen besonderen

Mut innerhalb der katholischen Gemeinschaft für diejenigen Franzosen, die von Anfang an oder in den kommenden Jahren in den Widerstand traten: die sich also nicht nur in Gegensatz zu der Mehrheit aller Franzosen setzten, denn im Jahre 1940 gab es nur wenige Leute, die zum Widerstand entschlossen waren. Im Jahre 1940 gab es, wie es in einem jüngsten Buch heißt, sicherlich 40 Millionen Pétainisten in Frankreich und höchstens einige hundert Resistenten. 1944 war es dann umgekehrt, da gab es nach dem Einzug de Gaulles in Paris 40 Millionen Gaullisten. Auch im Gegensatz zu der Mehrheit ihrer katholischen Glaubensgenossen bedeutete das einen Bruch mit der allgemeinen Meinung der Nation, wenn man im Jahre 1940 oder 1941 Widerständler war und einen besonderen Bruch für Katholiken, die sich nicht nur von der Nation, sondern von der allgemeinen Meinung ihrer Kirche absondern mußten. Es hat sich dann aber sehr bald eine Minderzahl von bedeutenden Mitgliedern des Episkopats und anderen Geistlichen und verantwortlichen Laien, besonders anläßlich der Judenverfolgungen, von dieser Identifikation mit dem Vichy-Regime abgesetzt. Die Predigten und die Hirtenbriefe von Männern wie dem Kardinal Saliège von Toulouse oder Kardinal Gerlier von Lyon wurden wesentliche Elemente der französischen Résistance, ebenso wie die einer Gruppe des Témoignage Chrétien, bei der neben Laien eine Anzahl von Jesuiten eine große Rolle spielten, zu denen wiederum auch P. de Lubac zählte. Sie waren stets davon überzeugt, daß sie auch im katholischen Raum eine aktive Minderheit waren und nicht auf den Konsensus der Brüder im Glauben zählen konnten. Die Masse der französischen Katholiken ist bis zum letzten Moment zumindest im Zweifel darüber gewesen, wo ihre Pflicht oder ihr Vorteil, ihr geistlicher Vorteil zu suchen sei.

Je länger der Krieg dauerte, umso verwirrter und schwerer zu verstehen wurde die Haltung des Episkopats. Nach der Befreiung waren die neuen Verantwortlichen und besonders Georges Bidault deshalb zunächst entschlossen, mehr als ein Drittel der Bischöfe absetzen zu lassen. Nur die sehr kluge Diplomatie des damaligen Nuntius Roncalli hat es schließlich erreicht, daß nur drei Bischöfe als absolut untragbar entfernt werden mußten, weil sie sich all zu sehr mit Vichy und den Nazis kompromittiert hatten. Immerhin verbat sich nach der Befreiung von Paris der durchaus kirchentreue General de Gaulle die Teilnahme des Kardinal-Erzbischofs Suhard an dem in dessen Kathedrale Nôtre-Dame zelebrierten Te-Deum, desselben Suhard, der einige Jahre später durch seine Hirtenbriefe und seine Unterstützung der Arbeiterpriester als der Exponent des »fortschrittlichen« Flügels in der französischen Kirche erscheinen sollte.

Für diejenigen, die auf der Seite des Widerstandes gestanden hatten, ergab sich aus diesem Gegensatz zu der Haltung der Kirchenführung, daß sie zu einer christlihen Gewissensentscheidung gekommen waren, die von der Kirche als solche nicht mitgetragen worden war und daß sie damit sich danach für alle Zukunft von einer Gehorsamspflicht in weltlichen Dingen gegenüber der Kirche emanzipierten.

In Zukunft konnte man höchstens erwarten, daß Meinungen des Episkopats und der Kirche in diesen Dingen als bedeutsam oder interessant aufgefaßt wurden, aber nicht mehr, daß sie in irgendeiner Weise einen Gehorsam beanspruchten konnten. Das hatte nunmehr zur Folge, daß seit 1945 die französische Kirche in höchst vorsichtiger Weise in politischen und gesellschaftlichen wie wirtschaftlichen Dingen aktiv wurde und keine verbindlichen Worte von sich gab, die zu konkreten Engagements verpflichteten. Die Katholiken spürten deutlich, daß die Meinungen auch innerhalb der Kirchenführung verschieden sind, daß es auch dort Tendenzen und Gruppen gibt, und daß im Laufe der Jahrzehnte oder der Jahre die Mehrheiten sich verschieben, daß mal diese Richtung, mal jene vorherrschen mag, aber daß nie eine Einmütigkeit in politischen Fragen vorhanden ist, die dann in der Lage wäre, vom Kirchenvolk eine Art von Orthodoxie oder Konformismus zu fordern.

Religiöse und moralische Krise, politischer Pluralismus und neue Wege nach 1945

In diese geistige und geistliche Welt hinein kommt nun die Auseinandersetzung mit dem Marxismus, wobei diese wiederum in Verbindung gebracht werden muß mit dem konkreten Zustand von Kirche und Religion in Frankreich. Dabei ist diese Entwicklung, besonders seit 1945, mitbestimmt durch die Verbindungen und Einwirkungen der verschiedenen Reformen, die sich in der Gesellschaft vollziehen.
Nach dem Schock von 1940-45, nach der Selbstbefreiung haben die Dinge in Frankreich die Tendenz, sich von der Gesamtkirche wegzuentwickeln, jedenfalls dann, wenn man die römische Spitze als die Gesamtkirche ansieht. In Frankreich treten aus dem Elan dieser Zeit heraus immer neue Initiativen auf, die einen wachsenden Anklang im französischen Katholizismus finden. Diese Initiativen werden meistens von den Gegnern im eigenen Lande als besonders gefährlich dargestellt und als solche nach Rom denunziert. Sie provozieren dann oft Interventionen aus Rom, die bis in die späten fünfziger Jahre zwar noch meistens Gehorsam finden, aber denen man zunehmend ausweicht, sei es, indem man die Kirche verläßt, sei es, indem man sich inoffizielle Freiräume organisiert, die irgendwie unter oder neben der Oberfläche des Kirchenlebens liegen.
Eines der wichtigsten und symbolischsten Elemente ist in diesem Zusammenhang die Geschichte der Arbeiter-

priester-Bewegung, die aus dem Erlebnis entstanden war, daß Frankreich im zunehmenden Maße ein inneres »Missionsland« geworden war, wie dies im Titel des berühmten Buches des Abbé Godin aus dem Jahre 1943 zum Ausdruck kam. Das hieß, daß in der französischen Gesellschaft soziologisch und geographisch weite Flächen, christlich und katholisch gesehen, dem Beschauer leer entgegengähnten; daß im besonderen in der Arbeiterschaft die Kirche praktisch bis auf kleine Minderheiten jede Präsenz verloren hatte; daß es also, wie es ja im protestantischen Raum in Norddeutschland auch seit vielen Jahrzehnten der Fall war, Generationen von Arbeiterfamilien gab, in denen niemand getauft worden war; daß also schon das bloße Wissen von der Existenz von Kirche und Religion in weiten Kreisen der Arbeiterschaft praktisch völlig folkloristisch an den Rand gedrängt war, und daß es unzählige Menschen, besonders Arbeiter, gab, die niemals in ihrem Leben einen Priester getroffen hatten.
Ein Verständnis für diese besondere geistige und religiöse Situation in Frankreich konnte man nicht unbedingt bei Männern wie den Kardinälen Ottaviani oder Pizzardo voraussetzen, ebenso wenig bei Pius XII. Ottaviani stammte selbst aus einer Arbeiterfamilie, war aber in einer gänzlich andersartigen geistigen und sozialen Umgebung herangewachsen. Eine Auseinandersetzung war unausweichlich. Wie Sie wissen, sind viele der Arbeiterpriester aus der Kirche ausgeschieden, andere Priester haben dann ihre Stelle eingenommen. Das Experiment wurde 1959 offiziell aufgehoben, 1965 wieder, aber nicht mit derselben Lautstärke autorisiert; es gibt heute ungefähr tausend Arbeiterpriester in Frankreich, bei einer Gesamtzahl von weniger als 10.000 Priestern. Das sind sehr viel mehr als die paar Dutzend, die es in den ersten Jahren gab, als die Auseinandersetzung mit Rom lief. Das Experiment hat sich also weitgehend durchgesetzt, aber das vorübergehende Verbot

hat tiefe, noch immer nicht ausgeheilte Wunden geschlagen.
Andere Maßnahmen der römischen Kirchenführung, so die Verurteilung einer Reihe der führenden französischen Theologen unter den Jesuiten und Dominikanern, haben in dieser Zeit sich in derselben Weise ausgewirkt. Man konnte diese Männer – unter Johannes XXIII. wurden mehrere dann als führende Berater ins Konzil berufen – zwar für einige Zeit zum Schweigen bringen, weil sie etwas vorauspreschend gesagt hatten, aber ein solches Verbot konnte in der geistigen Atmosphäre Frankreichs auf die Dauer nicht wirksam bleiben. Heute, zwanzig Jahre später, wäre ein solches Verbot völlig undenkbar.
Diese Entwicklung muß man in den weiteren Zusammenhang stellen, der durch den Zusammenbruch dessen bedingt war, was man im französischen Sprachgebrauch die Chrétienté nannte, den inneren Zusammenfall von religiöser und ziviler Gesellschaft. Dieser Zusammenbruch hat eigentlich erst in den letzten Jahren die Fortschritte gemacht, die bereits implizit in der Trennung von Kirche und Staat lagen, die aber in den ersten Generationen noch nicht spürbar wurden. Dabei war die offizielle, staatsrechtliche Trennung von 1906 nur ein Teil der gesellschaftlichen, geistigen Trennung gewesen, die in dieser Entchristianisierung und Laizisierungsbewegung der Gesellschaft und des Individuums zum Ausdruck kam.
Die Entchristianisierung ist zugleich ein Ausscheiden aus der Chrétienté, das heißt es ist die Trennung von der Vorstellung, daß in der Kirche von der Religion her auch eine Gestaltung der anderen Lebensbereiche stattzufinden habe. Das zum Beispiel bedeutet, daß die Aufteilung der kirchlichen Gemeinschaft in geographische Pfarreien, die aus einer Zeit stammt, in der de facto alle Mitglieder der Gesellschaft katholisch waren oder zumindest katholisch zu sein hatten, nicht mehr als all-

gemeingültig erscheint.
Diese Entwicklung hat sich ohne Zweifel beschleunigt und die Anzahl derer, besonders in der Jugend, die heute meinen, ohne eine spezifische Religionszugehörigkeit auskommen zu können, hat sich enorm vermehrt. Besonders eindrucksvoll ist dies in bürgerlichen Familien, die bisher in einer positiven und sehr bewußten Weise katholisch gewesen waren. Ich kann um mich herum feststellen, daß eben auch in bürgerlichen Kreisen, von denen ich bisher dachte, daß dort katholisches Traditionsgefühl am Leben war, die Kinder, die heute zwischen 18 und 30 Jahre als sind, nachdem sie selbst oft noch in katholischen Jugendbewegungen aktiv gewesen sind, jede religiöse Praxis aufgegeben haben; ja, daß seltsamerweise unter dem Einfluß der völlig neuen, anderen, moralischen und politischen Vorstellungen dieser Jugend zum Teil auch die religiöse Praxis bei den Eltern erlischt. Diese selbst werden sozusagen von ihren Kindern zu neuen Vorstellungen und Haltungen »umerzogen«. Diese Neuheiten, die sich unter den jungen Menschen immer mehr verbreiten, beziehen sich nicht nur auf das religiöse Leben. Aus ihnen erwächst auch ein völlig neues Verhältnis zur Arbeit, die nichtmehr als eine moralische ethische Verpflichtung oder als die Folge der Erbsünde angesehen wird. Sie wird vielmehr mit der Vorstellung verknüpft, daß es möglich ist, zumindest zeitweise auch ohne Arbeit zu leben und daß nicht alle Menschen dauernd für ihren Lebensunterhalt zu arbeiten haben. Hier entsteht ein neues voluntaristisches Verhältnis zur Arbeit. Ein ähnliches voluntaristisches Verhältnis taucht in allen zwischenmenschlichen Beziehungen auf, die, völlig losgelöst von bisherigen ethischen Verpflichtungen, unter das Plaisierprinzip gestellt werden. Das hat zur Folge, daß die bekannte katholische Wochenzeitung La Vie catholique – die, nebenbei gesagt, seit einigen Jahren das Wort »catholique« aus ihrem Titel gestrichen hat und

jetzt nur mehr La Vie heißt – bei einer Umfrage unter militanten katholischen Jugendlichen das Ergebnis herausbrachte, daß 75 Prozent von diesen dafür eintraten, und es als normal und keineswegs als verurteilungswürdig empfanden, daß junge Männer und Frauen vor der Ehe sexuelle Beziehungen unterhielten. 75 Prozent unter militanten katholischen Jugendlichen, das ist fürwahr ein hoher Prozentsatz. Damit soll keineswegs behauptet werden, daß diese jungen Leute sich auch in der Praxis immer so verhalten, aber sie halten es für unziemlich, sich von außen her moralische Verpflichtungen auferlegen zu lassen. Nicht das äußere Gebot, sondern die innere Verpflichtung wird anerkannt, wobei diese Haltung natürlich ebenfalls wie die Frühehe auch auf gesellschaftlichen Druck und auf Modeeinwirkungen mindestens teilweise zurückgeführt werden kann. Dies nur als ein Beispiel neben anderen.

In den letzten 20 Jahren hat sich ohne Zweifel eine Emanzipationsbewegung kollektiver und individueller Natur auf allen Ebenen weiter entwickelt, während gleichzeitig die Zahl derer, die als wirklich praktizierende Katholiken angesehen werden können, bei einer Gesamtbevölkerung von 50 Millionen, kaum mehr als 5 Millionen ausmacht. Dabei muß ich natürlich offen lassen, welche Definition des »Praktizierens« man haben will, und schließe nicht aus, daß das früher in Frankreich oft auch von der Religionssoziologie benutzte Konzept der Chrétiens des quatre Saisons, die viermal im Jahr zur Kirche gingen, auch heute noch in vielen Statistiken indirekt Verwendung findet: Die Kriterien, die es erlauben, jemanden zu den Pratiquants zu zählen, bleiben weiter höchst subjektiv verschieden und können damit zahlenmäßig weit auseinanderklaffende Ergebnisse untermauern.

Wenn man sich fragt, welche Menschen wirklich einen positiven persönlichen Glauben haben, der als katholisch beansprucht werden kann, so würden wahr-

scheinlich kaum 10 Prozent der Bevölkerung einer strengen Auffassung entsprechen. Aber kann man ohne weiteres die breite Masse wegräumen, deren Religiosität weitgehend von folkloristischen oder einfach abergläubischen Aspekten geprägt bleiben; oder diejenigen, die persönlich kein wirklich ernstzunehmendes Verhältnis zur Religion haben, die aber aus den verschiedensten Gründen weiter ihre Kinder taufen lassen, obgleich sie selber wirklich nichts von dem glauben, was im Taufbekenntnis steht? Gibt es hier letzten Endes nicht doch noch Restbestände des Glaubens, die ernsthafte Seelsorger nicht einfach verachten dürfen?
Dies alles führt notwendig zu der Feststellung, daß der Katholizismus heute in Frankreich, jedenfalls wenn er sich selbst ernst nimmt, sich als eine Minderheitsreligion betrachten muß, was ja auch in anderen Ländern zum Teil der Fall ist, wenn man dort strenge Kriterien anwenden würde. Diese Minderheitsreligion befindet sich nun in der dauernden Auseinandersetzung mit einem Marxismus, der bisher – und da meine ich besonders die ersten Jahre nach 1968 – eine Art von vulgarisierter Gesellschaftsmoral und allgemein gültiger Gesellschaftsphilosophie geworden war, so daß es etwa nur wenige Leute wagten, an den Universitäten oder in den höheren Schulen eine Meinung von sich zu geben, die nicht auf einer gewissen marxistischen Basis beruhte. Ich drücke das in der Vergangenheit aus, weil ich den Eindruck habe, daß in den letzten drei, vier Jahren die Dinge dabei sind, sich umzuändern, und manche Beobachter sogar behaupten, diese Alleinherrschaft des Marxismus als Pseudo-Staatsreligion und Gesellschaftsreligion sei bereits beendet. Ich bin dessen nicht so sicher, aber es ist gewiß heute sehr viel leichter als vor drei, vier Jahren, andere Lehrmeinungen in Universitäten und Schulen und allgemein in intellektuellen Kreisen zu äußern. Trotzdem ist der Druck, der von der marxistischen Vulgata ausgeht – ein doppelter Druck,

ein intellektueller und ein gesellschaftlicher – weiter groß, und viele Katholiken, besonders solche, die aus bürgerlichem Hause stammen, treten in dieser Beziehung mit starken Minderwertigkeitskomplexen in die politische Welt, weil erstens ja die Arbeiter in unserer Gesellschaft zum Teil wenigstens immer noch diejenigen Elemente sind, die am innigsten, am meisten Ähnlichkeit mit dem Armen des Evangeliums haben, obgleich es noch andere Elemente der Armut gibt – und zweitens, weil sie das Gefühl haben, sie müßten durch eine besondere, aktive Entfernung von dem, was sie und ihre Familie bisher waren, sich ihre Mitgliedschaft im Proletariat verdienen.

Nachdem es einerseits keinen soziologischen Druck mehr gibt, der einen jungen Katholiken de facto zwingt, irgendeiner politischen Meinung anzugehören, hat man bei dem vorletzten Kongreß der katholischen Arbeiterjugend Herrn Marchais als einen der Hauptredner einladen können, oder bei den Wahlen zum Vorstand der katholischen Arbeiterbewegung mehrere sich offiziell als Parteimitglieder der Kommunistischen Partei ausgebende Leute in das Präsidium der A O C (Association des ouvrières catholiques) wählen können.

Der Episkopat weist wohl von Zeit zu Zeit darauf hin, daß Christentum und Marxismus sich gegenseitig ausschließen, andererseits wiederum aber verschließt er sich nicht der Meinung – so in seiner Erklärung von 1972 – daß, wenn die Mehrheit der Christen eine nichtmarxistische Interpretation der Konflikte habe, die sie in der modernen Welt feststellen, andere Christen, Arbeiter, Landleute, Intellektuelle das, was sie leben und erleben im Vokabularium des Klassenkampfes ausdrücken. Dieser Ausdruck ist in ihren Augen die Übersetzung einer Lage, die ihnen aufgezwungen ist und die sie weder erfunden noch gewählt haben. Dieser Marxismus, also die Idee des Klassenkampfes, gibt ih-

nen den fundamentalen Schlüssel, der ihnen das Verständnis und die Erklärung der konkreten Lagen vermittelt, in denen sie leben, einen operationellen und zielwirksamen Typus der kollektiven Aktion. Diese Analyse, diese Vorstellungen vom Klassenkampf haben viele »militants«, viele aktive Christen dazu gebracht, die strukturellen Mechanismen der Ungerechtigkeit und der Ungleichheiten besser zu verstehen.
Das ist eine Erklärung, die ich mir durchaus zu eigen machen würde. Freilich ist es verständlich, wenn man das Gegenteil ebenfalls sagt, wie die französischen Bischöfe es einige Jahre später in ihrer Erklärung vom Juli 1977 herausgestellt haben, die die Unvereinbarkeit von Marxismus und Christentum in die Erinnerung zurückruft. Nur erfordert eine solche Meinung ein Unterscheidungsvermögen und eine geistige Subtilität, die nicht von jedem Kirchenmitglied nachvollzogen werden kann. Das Hin und Her der Meinungen, der Pluralismus der Meinungen, die Vielfalt der Erklärungen mußten dazu führen, daß sich heute in Frankreich kein katholischer Christ verhindert fühlen kann, an irgendeiner konkreten Aktion teilzunehmen, die er für richtig hält. Da kann der Bischof sagen, daß er den Klassenkampf nur mit *den* Restriktionen akzeptiert, die der Episkopat formuliert hat – das wird keinen katholischen Arbeiter daran hindern, an Streiks teilzunehmen, die als Element des Klassenkampfes dargestellt werden. Das kann also durchaus dazu führen, daß man zusammen mit Kommunisten und selbst in der kommunistischen Partei oder noch mehr in der sozialistischen Partei an den verschiedensten Aktionen mit Kommunisten, Sozialisten, ja mit extremen Linksgruppen teilnimmt.
Dies alles ist in Zusammenhang zu bringen mit der Tatsache, daß die französische Kirche, daß der Episkopat nicht darauf zählen kann, daß Verordnungen und Verbote ihrerseits vom Kirchenvolk respektiert werden,

daß im Gegenteil im politischen Raume nur Hinweise akzeptiert werden, daß also nicht mit Befehlen, sondern höchstens mit Ratschlägen gearbeitet werden kann und dies sowohl gegenüber der Rechten wie der Linken. So wenig wie Msgr. Lefebvre ist die andere Seite, die des P. Cardonnel, um einen anderen bekannten Dominikaner der Revolution zu zitieren, bereit, zu gehorchen, wenn sie das Gefühl haben, daß man ihnen etwas aufzwingen will, was ihren Grundvorstellungen nicht entspricht.
In dieser französischen Kirche von heute sind die verschiedensten Tendenzen am Werk. Ich habe eben Msgr. Lefebvre erwähnt. Meinungsumfragen haben ergeben, daß ungefähr 30 Prozent der Leute, die sich selbst als Katholiken betrachten, der Meinung seien, Msgr. Lefebvre hätte recht. Dagegen ist festzustellen, daß andere Befragungen anläßlich der jüngsten Wahlen festgestellt haben, daß von denen, die sich als Katholiken verstehen, 30 bis 35 Prozent für die Linksparteien gestimmt haben. Das ist immer noch eine Minderheit, aber eine schnell wachsende Minderheit, da es vor 20 Jahren weniger als 5 Prozent waren.
Man könnte also sagen, es gibt unter den französischen Katholiken ungefähr ein Drittel, das der Sensibilität von Msgr. Lefebvre entspricht, ein Drittel, dessen politische Sensibilität den Linksparteien entspricht, wobei jedoch Sozialisten und Kommunisten nicht auf denselben Nenner gebracht werden können, und daß es wahrscheinlich in der Mitte einen »Marais« gibt, wie es in der französischen politischen Tradition so unschön heißt, eine Masse, die hin und her votiert und die nicht für einen Sozialisten stimmen würde, wenn ein Volksfrontbündnis mit den Kommunisten besteht, aber eventuell für einen Sozialisten stimmen könnte, wenn dessen Partei in einem anderen Bündnis stünde.
Kommen wir also jetzt kurz noch abschließend auf die rein politische Ebene zurück. Es bedeutet in der Tat

eine beträchtliche Entwicklung, daß in so kurzer Zeit ein nicht unwesentlicher Teil der sich als Katholiken betrachtenden Wählerschaft in das Lager der Linksparteien übergegangen ist, wobei doch ein sehr viel größerer Teil von katholischen Wählern sozialistisch stimmt als kommunistisch. Immerhin stimmen heute mehr Katholiken kommunistisch als vor 20 Jahren überhaupt für Linksparteien: ungefähr 6 bis 7 Prozent der wählenden Katholiken stimmen kommunistisch und die übrigen linksstehenden Katholiken, das heißt zwischen 20 und 25 Prozent der katholischen Wähler, sozialistisch; ein kleiner Bruchteil auch für die extremen kommunistischen Splitterparteien oder für die Ökologisten, die »Grünen«, die in Frankreich auch meistens zu den extremen Linken zu rechnen sind. Diese Entwicklung hat unter anderem zur Folge, daß das politische Gleichgewicht in diesem Lande anders geworden ist. Sodann müssen diejenigen, die die Zukunft der Kirche kollektiv zu erarbeiten haben, den neuen politischen Sensibilitäten unter den Katholiken Rechnung tragen, wobei es ebenfalls interessant ist, daß die Umfragen und Meinungsforschungen zeigen, daß der Linkstrend im Klerus stärker ist als im allgemeinen Kirchenvolk, was verständlich ist, in dem Maße, in dem der Prozentsatz von Intellektuellen im Klerus größer ist als im allgemeinen Kirchenvolk, und daß also hier Entwicklungen leichter antizipiert werden. Man kann sogar sagen, daß bis zu einem gewissen Maße diese Art von moralischer Einmütigkeit, die vor 40 Jahren im Klerus, in den Schulen, in denen der Klerus ausgebildet wurde, zugunsten der Action Francaise, also des vertikalen, rechten Konservativismus, bestand, heute zugunsten eines Linksextremismus ausschlägt.

Vielleicht ist dem so, weil lange Zeit gerade im kirchlichen Raum linke Ideen verpönt waren, nun gibt es diesen gegenüber eine Art von Minderwertigkeitskomplex oder eine Art von schlechtem Gewissen. Man hat das

Gefühl, man müsse etwas nachholen und nun besonders intensiv und explosiv die zum Teil zum Marxismus gehörenden Ideen der Linken verbreiten; weil die Kirche das nicht getan habe, weil sie auf Seiten der Rechten gestanden sei, habe sie eben weitgehend die Arbeiterklasse verloren.

Eine andere Folge ist, daß nun in die Linksparteien, besonders in die sozialistische Partei, im steigendem Maße Leute einwandern und dort sehr rasch zu führenden Stellungen gelangen, die aus dem katholischen Lager stammen und zum Teil weiter sehr intensiv praktizierende und ihren Glauben lebende Katholiken sind. Daraus entsteht manchmal bei Sozialisten alter Prägung eine Art von antiklerikalem Ressentiment gegen die neuen und so rapide aufsteigenden katholischen Zuwanderer. Eine Reihe der neugewählten, dreißig bis vierzigjährigen sozialistischen Bürgermeister in den größeren Städten kommen entweder aus der Katholischen Aktion oder der katholischen Jungarbeiterbewegung und sind oft praktizierende Katholiken, oder, wenn nicht der Bürgermeister selbst, so ist es häufig sein erster Stellvertreter, der sich um die Schulen und Kultur kümmert. In solchen Fragen hält man die Christen für besonders kompetent.

Es zeichnet sich also eine gewissermaßen paradoxe Entwicklung ab: Während sich die Gesellschaft immer weiter laizisiert, kann man sagen, daß die französische sozialistische Partei sich zum Teil direkt oder indirekt christianisiert, soweit man der Meinung ist, daß diese Katholiken Träger von Christentum sind, was viele von ihnen ohne Zweifel behaupten würden.

Jesús Iribarren

Die Kirche Spaniens im gegenwärtigen politischen Übergang

Die heutige Lage Spaniens und die der spanischen Kirche ist komplex[1]. Um die verschiedenen Aspekte zu beleuchten, scheint es mir am besten, mit dem geschichtlichen Ablauf der Ereignisse zu beginnen, mit jener Stunde, als der Same des Hasses in den Schützengräben gesät und mit dem Blut der Bürger und Ordensangehörigen begossen wurde, die in unserem Bürgerkrieg auf beiden Seiten hinter den Linien erschossen oder ermordet wurden (1936 – 1939).

Als Ausländer kann ich mir kein sehr fachkundiges Urteil über die deutsche Geschichte erlauben. Ich glaube, daß wir alle darin übereinstimmen, daß ihr Krieg von 1939 bis 1945 innerhalb ihrer Grenzen auch wichtige Aspekte eines Bürgerkrieges hatte. Generell kann man aber sagen, daß sie bei Kriegsende eine kompakte Nation waren, besiegt durch ausländische Mächte und beseelt vom Willen, ihre Identität und ihre Größe wiederzugewinnen.

Bei uns war es umgekehrt. Unser Krieg zeigte in seinem Ablauf auch Elemente eines internationalen Krieges. Auf's Ganze gesehen aber war es ein schrecklicher Bürgerkrieg. Nach Beendigung der Schlachten standen wir Spanier einander feindselig gegenüber.

Die erste Aufgabe der Sieger, zu denen irgendwie auch die Kirche zählte, mußte es sein, die Wunden zu heilen. Aber niemand hätte geglaubt, daß vierzig Jahre später die Wunden immer noch offen waren und bluteten.

I. Einige Daten zur Geschichte

Zum Zwecke des besseren Verständnisses teilen wir die Geschichte in Abschnitte ein.

1. Vom Bürgerkrieg bis zum Vatikanischen Konzil: 1936 – 1962

Der Staat nimmt eine faschistische Struktur an (Diktatur, Einheitspartei, Einheitsgewerkschaft). Es regieren die Sieger, die sich Schritt für Schritt zu einer politischen Kaste formieren. Die Unterlegenen sind für immer besiegt, für sie gibt es keine legale Existenz.
Nach außen hin zeigt die Kirche eine ähnliche Haltung, auch wenn der Beweggrund ein ganz anderer ist. Sie glaubt, sie habe einen Kreuzzug gewonnen und jetzt sei die Stunde gekommen, die intellektuellen und die sozialen Strukturen zu christianisieren, damit sich die Schrecken der Vergangenheit nicht mehr wiederholen können.
Allein, die enormen Möglichkeiten, über die die Kirche verfügte und das Fehlen sichtbarer Hindernisse ließen sie unbewußt ein »imperiale« Attitüde annehmen. Die Arbeit der Evangelisierung bleibt an der Oberfläche. Die schwerwiegendste Niederlage, welche die spanische Kirche erlitten hat und für die sie vor der Geschichte die Verantwortung trägt, ist, daß sie die intellektuelle Schlacht an der Universität verlor, mit mittelmäßigen Lehrern, mit intellektuell anspruchslosen Programmen, mit einer religiösen Erziehung, die zwar verpflichtend, aber doch ohne gute differenzierte Anpassung ist. Dabei darf nicht die enorme positive Arbeit der Kirche bei ihrem vielfältigen und in allen sozialen Klassen wirkenden Apostolat verkannt werden. Das apostolische Wirken der Kirche in jenen Jahren ist insgesamt rühmenswert. Wir beziehen uns hier nur darauf,

daß es der Kirche nicht gelang, geistig und menschlich an die im Krieg Besiegten heranzukommen. Die Kirche hat ihre Herzen nicht erreicht.

Der Staat seinerseits untermauert sein Gefühl des endgültigen Sieges, als es nach dem Ende des Weltkrieges 1945 dem Regime gelang, sich gegenüber den alliierten Siegermächten zu behaupten und als es in den unmittelbar darauffolgenden Jahren eine gelegentlich schon gefährlich gewordene Bewegung von Aufständischen zerschlagen konnte.

Aber Gefahr drohte dem Regime nicht von militärischer Seite, sondern von der intellektuellen und sozialen Seite:

a) es gab die Hunderttausende, die im Exil lebten und die Millionen Besiegten im Inland, die durch die ausländischen Radiostationen und durch die geheime Presse sich gegenseitig laufend informierten;

b) es gab bedeutende Verlage in Paris, Mexiko, Argentinien usw., die in großem Umfang Widerstandsliteratur und Schriften von marxistischen Theoretikern herausgaben.

Etwa seit dem Jahre 1955 beginnt in der Kirche und im Staat gleichzeitig eine subtile Entwicklung, deren Folgen wir heute sehen können, nämlich die marxistische Unterwanderung der Strukturen, und zwar auf zwei Wegen: über die apostolischen Bewegungen und über die Universitäten.

Unter den Arbeitern konnte die Kirche zwei aktive Gruppen der katholischen Aktion aufbauen: die JOC (Jóvenes Obreros Católicos – christliche Arbeiterjugend) und die HOAC (Hermandades Obreras de acción Católica – Arbeiterbruderschaften der katholischen Aktion). In dem Augenblick, in dem die Arbeiter aus dem engeren religiösen Bereich heraustreten wollten und sich der christlichen Durchdringung ihrer ganzen Berufsgruppe zuwandten, stießen sie auf das Gewerkschaftsmonopol der Falange. Die Arbeiter stießen mit dem Regime zusammen und auch mit einem Teil der Kirche, der an den Staat gebunden war und der aus Furcht vor einem Konflikt mit dem Staat den Arbeitern die echte gewerkschaftliche Arbeit verboten hatte. Da nun entdeckten die katholischen Arbeiter die Klassensolidarität über alle Glaubensunterschiede hinweg. Sie nahmen Verbindung auf zur marxistischen Bewegung im Untergrund. Für sie wurden Marxismus und die Verteidigung der Interessen der Klasse das Gleiche. Die Folgen sehen wir später.

An der Universität kommen verschiedene Faktoren zusammen:

a) das geringe Ansehen der Religionslehrer;

b) der instinktive Widerstand der jungen Intellektuellen gegen eine Vereinnahmung durch die einzige Studentenbewegung totalitären Zuschnitts;

c) das Einströmen der Literatur aus Paris und Mexiko und

d) der Aufbau von Zellen, bestehend aus Agitatoren, die von den marxistischen Organisationen bezahlt werden.

Das Ergebnis war der zunehmende marxistische Einfluß unter den Studenten. Auch dieses Phänomen hat Folgen, die wir untersuchen werden.

2. *Das Zweite Vatikanische Konzil (1962 – 1965)*

Die indirekten »politischen« Konsequenzen des Konzils sind unabsehbar.

Nach 25 Jahren des Regimes dominiert der Überdruß an der Lage, am Monopol, das die herrschende Klasse ausübt, an der Korruption in der Verwaltung, die in einer Diktatur unvermeidlich ist.

Dazu kommt der Generationswechsel. Die jüngere Hälfte der Bevölkerung kennt den Bürgerkrieg nur vom »Hörensagen«, was sicherlich nicht so wirksam ist, wie das persönliche Erlebnis.

Das Regime machte aus seiner Abneigung gegen Johannes XXIII. kein Hehl und bezog offen Position gegen die Wahl von Paul VI. Was das Regime natürlich geradezu instinktiv nicht annehmen konnte, war die konziliare Erneuerung, die in ihrer Wurzel antitotalitär war. Gerade aus diesem Grund sind alle gegen das Regime gerichteten Kräfte für das Konzil. Dies wiederum macht dem Regime nur noch deutlicher, wie sehr das Zweite Vatikanum einem Überleben der Strukturen, die das Regime im Verlauf von 25 Jahren geschaffen hat, entgegensteht.
Ich möchte mich hier nicht über die möglichen politischen Hintergründe für den Widerstand einiger weniger spanischer Bischöfe gegen die Annahme der Konzilsdekrete verbreiten. Insgesamt muß man wohl sagen, daß die spanischen Bischöfe ihren Geist und ihr Herz in die konziliare Erneuerung der Kirche setzten. Und dann ergab sich das Unvermeidliche: Die Bischöfe distanzierten sich von der Diktatur, anfangs noch mit starken Spannungen im Episkopat, später jedoch einmütig.

3. Vom Konzil bis heute (1965 – 1978)

Das Regime reagierte bitter auf die Haltung der Bischöfe. Man zieh die kirchliche Hierarchie der Undankbarkeit, nachdem sie vom Regime soviele Vorteile erlangt habe. Sie wurde marxistischer Infiltration angeklagt, und die baskischen und katalanischen Bischöfe beschuldigte man des Verrats an der Einheit des Vaterlandes. Man behauptete immer wieder, daß die Bischöfe nunmehr in egoistischer Weise das sinkende Schiff verließen, daß sie vom Staatszug alle Waggons außer dem Speisewagen abkoppelten usw.
Ich muß darauf bestehen, festzustellen, daß die Gründe für die Haltung der Bischöfe rein kirchlicher und nicht politischer Art waren. An anderer Stelle habe ich ge-

schrieben, daß die spanischen Bischöfe schon vor dem Tode Francos der ›Nach-Franco-Ära‹ angehörten, weil Franco hartnäckig darauf bestand, noch nach dem Konzil vorkonziliar zu sein.
Diese Distanzierung der Kirche führte zu einem Krisenpunkt kurz nachdem der Premierminister, Admiral Carrero Blanco, durch ein baskisches Terroristenkommando ermordet worden war. Eines Tages hatte die Regierung in Bilbao ein Flugzeug bereitgestellt und den Bischof, Monseñor Añoveros, aufgefordert, nach Rom zu reisen, ohne daß eine Rückkehr möglich gewesen wäre. Aus eigenem Entschluß lehnte der Bischof ab. Rom und der spanische Episkopat stellten sich hinter den Bischof. Die Regierung stand vor dem Dilemma, daß die gewaltsame Ausweisung des Bischofs die Opposition der gesamten öffentlichen Meinung Spaniens zur Folge gehabt hätte. Die Regierung gab nach und das Flugzeug kehrte leer nach Madrid zurück.
Franco starb und König Juan Carlos bestieg den Thron. Das Parlament konstituierte sich in zwei Kammern, die im Exil lebenden Politiker kamen zurück, die Parteien wurden neu organisiert: Das ist die Situation heute.
Ich will nicht die politischen Aspekte beschreiben, die für mich als Priester nur sekundäre Bedeutung haben, sondern allein die religiös-politischen, auf die ich nun im einzelnen eingehe.

II. Folgen, die sich für die Kirche aus der früheren Situation ergeben

1. Es existieren keine Bewegungen der katholischen Aktion oder gewichtige Standesorganisationen von Laien. In der dem Konzil unmittelbar folgenden Zeit war sich ein Teil der Bischöfe noch nicht sicher über die Folgen, die die Lehren des Konzils für das Regime haben würden. Diese Gruppe von Bischöfen hat in den

Führungsstellen der katholischen Aktion eine allgemeine Krise ausgelöst, die im gemeinsamen Rücktritt aller nationalen Kapläne gipfelte (1968), da sie sich nicht mit einer Haltung einverstanden erklären konnten, die sie für anti-konziliar und von politischen Überlegungen bestimmt hielten. Die Folge war, daß dann 1975, als die Parteien wieder erstanden, die Kirche ohne apostolische Organisationen (die natürlich nicht politisch gebunden waren) dastand und die den Bürgern hätten helfen können, ihre freie politische Tätigkeit mit christlichem Geist zu durchdringen. Dieses völlige Fehlen der Laienorganisationen heute stellt ein für Spanien tragisches Vakuum dar.

2. Die Kirche hat die Führungskader für die extremsten marxistischen Gewerkschaften bereitgestellt. Dies scheint absurd, ist aber wahr. Ich habe vorher angedeutet, daß die Frustration bei der christlichen Arbeiterjugend und der Arbeiterschaft innerhalb der katholischen Aktion sie dazu gebracht hat, mit den Marxisten Verbindung zu suchen und dem marxistischen Einfluß in ihrer Führung die Tore zu öffnen.

Wir bekennen mit großem Schmerz, daß ein guter Teil der Führer der Comisiones Obreras (Arbeiterkommissionen), der von der kommunistischen Partei Spaniens abhängigen Gewerkschaften, aus den Reihen der Arbeiterbruderschaft kommen. Und es ist auch wahr und schmerzhaft, daß viele Führer der ORT, einer Gewerkschaftsbewegung maoistischer Ausrichtung, aus den »Vanguardias Obreras de las Congregaciones Marianas« (die Arbeitervorhut der marianischen Kongregationen) kommen, die die Jesuiten leiten. Ihre radikale Einstellung, ihre Haltung gegenüber Kirche und Hierarchie macht mich glauben, daß es sich hier um eine »Übertragung der Frömmigkeit«, um ein Umschlagen des katholischen Eifers in marxistischen Fanatismus handelt, wobei immer der totale Einsatz im Glauben gefordert ist.

Aus den gleichen Gründen kommt ein guter Teil der führenden Kräfte der UGT (Unión general de trabajadores), der von der PSOE (Partido Socialista Obrero Español), der sozialistischen Arbeiterpartei Spaniens, abhängigen Gewerkschaftsbewegung aus den Reihen der christlichen Arbeiterjugend.
Ich will hier die Bedeutung der Geschichte der marxistischen Parteien und Gewerkschaften nicht verkleinern. Was ich aber herausheben möchte, ist der unerwartete Zustrom an gut ausgebildeten und zugkräftigen Führern, eine Art Proselytentum, die zu den Marxisten stoßen, weil die Verantwortlichen in der spanischen Kirche sie unerklärlicherweise im Stich gelassen haben. Wir haben fast keine eigenen Gewerkschaften, aber den Gewerkschaften der Marxisten haben wir die Führungskräfte gegeben.

III. Die politische Szenerie, in der sich die Kirche heute entwickelt

1. Die Monarchie. Als Juan Carlos I. im November 1975 König wurde, erfolgte dies nicht durch die Krönung oder irgendeinen gottesdienstlichen Akt, sondern durch die Eidesleistung des Königs vor den ›Cortes‹. Juan Carlos I. veranlaßte aber persönlich, daß wenige Tage später eine Messe zum Hl. Geist gelesen wurde, an der alle öffentlichen Würdenträger und das gesamte diplomatische Korps teilnahmen. In seiner Ansprache umriß der Kardinal von Madrid, Enrique y Tarancón, ganz klar die künftige Stellung der Kirche im neuen Spanien. Es war eine Erklärung der Unabhängigkeit, aber auch der Zusammenarbeit, die in der Öffentlichkeit einen starken Eindruck hinterließ.
Die erste wichtige Geste des Königs gegenüber der Kirche war, daß er für seine Person einseitig auf das Vor-

schlagsrecht bei der Ernennung von Bischöfen verzichtete. Dieser persönliche Verzicht auf die Ausübung dieses Rechtes wurde später durch ein Abkommen mit dem Hl. Stuhl, in dem auf das Recht selbst verzichtet wurde, ratifiziert (28. 7. 1976). Die Kirche verzichtete ihrerseits auf das kanonische Vorrecht aus dem »fuero eclesiástico« und gestand dadurch zu, daß Geistliche der zivilen oder militärischen Gerichtsbarkeit des Staates unterstanden.
Für die Zukunft sind für die Beziehungen zwischen Kirche und Monarchie keine Probleme zu sehen. Es können natürlich Probleme allgemein in den Beziehungen mit dem Staat auftreten, aber nicht mit der Monarchie.

2. *Die politischen Parteien.* Als nach 40 Jahren die politischen Parteien wieder auf den Plan traten, glich dies dem Wuchern einer tropischen Vegetation nach der Trockenzeit. Man muß sorgfältig unterscheiden zwischen der Zahl der Parteien, die im Parlament vertreten sind, und jenen, die nie stark genug sein werden, um ins Parlament zu kommen. Um den Wirrwarr, der hier herrscht, etwas zu beschreiben, nur folgender Hinweis: Die Madrider Tageszeitung »Diario 16« brachte in ihrer Ausgabe vom 19. 4. 1978 eine Information unter der Überschrift »23 Partein weniger«, weil 23 Parteien ihre Registrierung beim Innenministerium gelöscht hatten und 5 weitere sich aber neu hatten eintragen lassen. Damit erreichte im Frühling 1978 die Zahl der offiziell registrierten Parteien 239!
Natürlich müssen die Parteien gewissen Minimalanforderungen genügen, um ins Parlament zu kommen. Parlamentarische Mehrheiten werden nach dem d'Hontschen Verfahren ermitelt. Etwa 40 Parteien sind gegenwärtig im Parlament vertreten. Aus taktischen Gründen haben sie sich zu 6 parlamentarischen Blökken zusammengefunden[2]. Hier nun einige Angaben

über die Gruppierungen, die uns wegen ihrer Haltung zur Religion am stärksten interessieren.
Die kommunistische Partei Spaniens (PCE) zählt etwa 250.000 Mitglieder und erhielt in den Wahlen vom Juni 1977 8 % der Stimmen. Sie verfügt über 20 Abgeordnete und 3 Senatoren. Die PCE vertritt den »Eurokommunismus«. Sie zeigt sich sehr bemüht, in ihre Reihen Katholiken aufzunehmen und hat sogar Priester in einigen Provinzialkomitees. Die PCE weiß wohl, welche Unterstützung die moralische Kraft der katholischen Kirche für sie bedeuten würde, und zieht deshalb ihre Fäden im Nebel absichtsvoller Verwirrung. Der regionale Zweig der PCE in Katalonien ist die Partido Socialista Unificado de Cataluña (PSUC). Vom 19. bis 23. April fand der IX. Kongreß der Kommunistischen Partei Spaniens statt. Dort wurde der Ausdruck »leninistisch« aus dem Programm gestrichen und durch das Wort »revolutionär« im Sinne des Eurokommunismus ersetzt. Die Spannungen zwischen PSUC und PCE waren stark, führten jedoch nicht zum Bruch.
Als die *Sozialisten* zur Wahl antraten, waren sie in zwei große Fraktionen gespalten: die Partido Socialista Obrero Español (PSOE), die 118 Parlamentssitze (bei 29,12 % aller Stimmen) erhielt, und die Partido Socialista Popular (PSP) mit 6 Abgeordneten und 4 Senatoren (bei 4,33 % aller Stimmen). Jetzt haben sich beide Parteien vereinigt und bekennen sich als Marxisten. Trotzdem haben sie eine bedeutende Anhängerschaft unter den Christen. Es bleibt abzuwarten, ob in naher Zukunft die politische Entwicklung mehr auf eine radikale marxistische Tendenz oder hin zur Sozialdemokratie verläuft. In jedem Fall weist diese Gruppe stark laizistische Tendenzen auf, besonders in der Schulpolitik [3].
Weitere marxistische Richtungen existieren links von der PCE in der Form von 30 kleinen Parteien, die von trotzkistischen Schattierungen bis zu maoistischen Extremen reichen. Sie sind im Parlament nicht vertreten

und wir können sie hier auch nicht aufzählen. Erwähnung verdient aber die Partido del Trabajo en España (PTE: Partei der Arbeit in Spanien), die – ganz im Gegensatz zu den bei Sozialisten und Kommunisten festgestellten Bestrebungen, die Grenzen zu verwischen, die die Christen vom Marxismus trennen – ausdrücklich die Christen aus ihren Reihen ausschließt. Sie steht dem Christentum frontal gegenüber.

Wir müssen hier auch die *Terroristen* erwähnen: GRAPO, FRAP und besonders ETA (Euzkadi ta Askatasuna: Euzkadi und Freiheit). ETA ist eine Bewegung, die von Anfang an und auch heute noch die nationalistischen Gefühle der katholischen Basken manipuliert. In Wahrheit ist die ETA weder nationalistisch noch verteidigt sie die baskische Kultur. Es sind Terroristen gleich allen anderen europäischen Terroristen verschiedener Schattierungen. Übrigens ist hier darauf hinzuweisen, daß alle international orientierten Parteien – und alle Marxisten sind dies, da für sie die Grenzen in der Welt nicht geographische, sondern Klassengrenzen sind – die Welle des Regionalismus und der Autonomie, die unter den historischen Volksgruppen Spaniens aufgebrochen ist, ausnützen, um so auf leichte Art, aber unter einem falschen Vorwand Anhänger zu gewinnen. Die Partido Comunista de Euzkadi oder die Euzkadiko Ezkerra (baskische Linke) sind keine Parteien »des Landes«, sondern Parteien »im Land«. Alle kleinen radikalen Parteien, die nicht genügend Anhänger gefunden haben, um ins Parlament zu kommen, ersetzen den Auftrag des Volkes durch die Gewalt. Sie wollen von der Straße aus regieren, mit Maschinengewehr und Blut.

Für die Kirche bringen diese Parteien jene Schwierigkeiten mit sich, die entweder der Terrorismus oder ganz allgemein jegliche Art von Marxismus heraufbeschwören. Die Kirche muß sich in Acht nehmen vor der Infiltration des Marxismus in katholischen Institutionen (z. B. Schulen, Krankenhäuser, Organisationen der Sozialfürsorge, Kirchenverwaltung, Einrichtungen der kirchlichen Arbeit, insbesondere bei Einrichtungen für die Arbeiter, usw.). In den Massenmedien muß sich die Kirche mit dem Marxismus auseinandersetzen, ebenso auf dem Gebiet der Gesetzgebung und hier vor allem dem der Schulgesetzgebung. Ganz allgemein muß die Kirche den Glauben verteidigen überall dort, wo der Marxismus eine Einschränkung der natürlichen und übernatürlichen Würde des Menschen bedeutet. Leider findet der Terrorismus in katholischen Kreisen Unterstützung, sei es wegen seiner »nationalistischen Seite«, sei es auch aus allgemeinen Gedanken der »Theologie der Befreiung« heraus.

Die Union del Centro Democrático (*Union des demokratischen Zentrums* – 165 Abgeordnete und 105 Senatoren) übt gegenwärtig die Macht aus. Dem Zentrum können auch die Parteien »Partido Nacionalista Vasco« (PNV) mit 8 Abgeordneten, »Independientes de Centro«, »Democracia Christiana«, el »Pacte Democratic per Catalunya« (PDC) mit 11 Abgeordneten zugerechnet werden, ebenso einige weitere unabhängige Abgeordnete.

Ebenso wie die extreme Linke nicht ins Parlament kam, erreichte dies auch die *extreme Rechte* nicht. In der öffentlichen Meinung waren die traditionalistischen, auf Beharren ausgerichteten Strömungen schwer belastet durch ihre offensichtliche Bindung an den Frankismus, und das reichte aus, um ihnen im Augenblick eines historischen Umbruchs sämtliche Anziehungskraft für den Wähler zu nehmen. Spanien wollte vergessen, was vergangen war. Außerdem konnte die extreme Rechte kein fortschrittliches Sozialprogramm anbieten, eine unabdingbare Notwendigkeit für jede moderne Gesellschaft. Wir müssen auch darauf hinweisen, daß in der Vorstellung des Mannes von der Straße die extreme Rechte verbunden ist mit politischer Diktatur, mit Privatwirtschaft und vorkonziliarer Kirche. Sie erfreute sich gewisser Sympathie und Unterstützung in der Führung der Armee und in gewissen Kreisen des Klerus – Bischöfe nicht ausgenommen. Aus den gleichen Gründen aber fehlt ihr der Rückhalt beim Wähler. Ihr Terrorismus wird gewiß nur in sehr schwacher Form sichtbar. Diese Kräfte verfügen über eine wohl dotierte Presse und versuchen, sich auf der Straße und in Versammlungen durch ihre Sprache der Gewalt Gehör zu verschaffen. Der religiöse Intregismus dieser Kräfte bringt sie in die Nähe des Erzbischofs Lefebvre, der Spanien mehrfach besucht hat.

Da die extreme Rechte nicht ins Parlament gelangen konnte, beginnt dort die *Rechte* mit der Alianza Popular (Volksallianz) mit 16 Abgeordneten und 2 gewählten Senatoren.

Ich habe nicht vor, Ihnen hier eine politische Generalstabskarte aufzuzeichnen. Ich beschränke mich darauf hinzuweisen, daß in den vergangenen Monaten die Parteien der Linken ihre innere Einheit und auch ihre Bündnisse stärken konnten, während die in der Mitte stehenden Parteien in zunehmendem Maße auseinanderzubrechen drohen, vielleicht infolge der Abnutzung, die sie in der Ausübung der Macht erlitten. Die Alarmstimmung wächst, denn es wäre notwendig, eine breite Front aus liberalen, christlichen und sozialdemokratischen Kräften zu bilden, die auf der einen Seite an den Marxismus grenzt und auf der anderen Seite an die Rechte, die unfähig ist, die Zeichen der Zeit zu erkennen. Immer schon war es eine grundlegende Schwäche der spanischen Christen, über zu viele personalistische Führungsfiguren zu verfügen.

3. Die Gewerkschaften. Während der 40 Jahre der Herrschaft Francos hat es die Kirche, wie ich schon andeutete, zugelassen, daß die katholisch geprägten Standesorganisationen (katholische Studenten, katholische

Arbeiter etc.) von den Monopolorganisationen des Staates aufgesogen wurden. Aber dies ist nicht alles. Sie hat es später auch zugelassen, daß die Frustration unter den Mitgliedern der Arbeitervereinigungen, beschränkt auf die Pflege der Frömmigkeit, dazu führte, daß diese den linken marxistischen Organisationen die besten Führungskader lieferten.
Heute bedauert man die Folgen, denn die Gewerkschaftsszene wird von den Marxisten beherrscht. Das bezieht sich nicht nur auf die Welt der Arbeiter, sondern auch auf die Lehrer und Ausbilder auf allen Nieveaus, auf die Massenmedien, auf die staatliche und private Verwaltung und zuweilen sogar auf die Einrichtungen der Kirche.
Auch die Gewerkschaftsszene zeigt das für Spanien charakteristische Bild der anarchischen Vielfalt. Die wichtigsten Gewerkschaftsverbände sind:

- Comisiones Obreras, CC.OO (Arbeiterkommissionen, Bindung an die Kommunistische Partei).
- Unión General de Trabajadores, UGT (Bindung an die Sozialistische Partei),
- Confederación Nacional del Trabajo, CNT (Anarcho-Syndikalisten),
- Sindicato Unitario, SU (mit Bindung an ORT, Marxisten maoistischer Prägung),
- Central Sindical Unitario Trabajadores, CSUT (Sozialisten),
- USO (Sozialisten, mit einer Anhängerschaft von unabhängigen Christen),
- CGT, Confederación General de Trabajadores (ohne besondere ideologische Bindung und in der Linie der US-Gewerkschaften AFL oder CIO),
- CTC, Confederación Trabajadores Christianos (mit religiöser Bindung),
- Confederación Trabajadores independientes, CTI (ausschließlich berufsbezogen)[4].

Es ist heute nur sehr schwer möglich, entgegen der allgemeinen Strömung einen starken christlich geprägten Gewerkschaftsverband aufzubauen. In einem etwas größeren Rahmen wird versucht, die unabhängigen nicht marxistischen Gewerkschaftskräfte enger zusammenzubinden durch die Schaffung einer Confederación Española de Sindicatos Independientes (CESI), die nach aus dem Monat April stammenden Angaben 72 Gewerkschaften mit 1,6 Millionen Mitgliedern umfaßt. Die marxistischen Gewerkschaften greifen CESI an und beschuldigen den Verband, nichts anderes zu sein als die gewerkschaftliche Seite der Partei, die an der Macht ist, der UCD. Die schlimmste Seite des heutigen Gewerkschaftswesens in Spanien ist aber nicht die Vielfalt der Gewerkschaften, sondern ihr Mangel an Verantwortung. Sie rufen wilde Streiks aus, und zwar als Ausgangsposition, noch bevor sie ihre Forderungen auf den Tisch gelegt haben, und benützen den Streik nicht als letztes Mittel am Ende von Verhandlungen, wenn keine Lösung in Sicht ist. Nach Angaben der Madrider Tageszeitung »Arriba« wurden im Jahr 1977 18.641.700 Arbeitstage durch Streik verloren. Das bedeutet 1,5 Millionen verlorene Arbeitstage pro Monat.

Die Bestimmung, die bei den Unternehmern die größte Aufmerksamkeit erregt hat, ist die Forderung, daß die Arbeiter nach ihrem Gutdünken und ohne Begrenzung der Zahl der Fachleute juristische Beratung verlangen können, für die das Unternehmen zu zahlen hat. Das würde bedeuten, daß eine Gruppe von Aktivisten ein mittleres Unternehmen in den Ruin treiben kann nur dadurch, daß sie schon bei den geringfügigsten Konflikten die teuersten Rechtsanwälte einschalten kann und dies ohne Einschränkung. Hier führt man den Krieg und läßt den Feind noch die Munition bezahlen.

4. Die Universitäten und das Schulwesen. Auf dem Gebiete der Politik gibt es noch einen wichtigen Faktor bei dem die Kirche heute eine Rolle spielen muß. Es ist die Kultur ganz allgemein und insbesondere die Bereiche von Universität und Schule.

Eine der Folgen des wirtschaftlichen Wohlstandes, der in den Jahren der Diktatur erreicht wurde, ist, daß nunmehr Millionen junger Spanier Bildungseinrichtungen des mittleren und höheren Niveaus besuchen können. Dies führt zu Kettenreaktionen:

a) Die Vermassung der Universität. An den Universitäten und höheren technischen Lehranstalten in Madrid gibt es über 200.000 Studierende.

b) Trotz dieser Studentenlawine gibt es keine Planung. Die öffentliche Meinung hat sich jeglichem Numerus Clausus widersetzt. Das hat zur Folge, daß zum Beispiel in Großbritannien auf 100.000 Einwohner 5,6 Medizinstudenten in den Anfängersemestern treffen, in Japan und den Vereinigten Staaten sind es 6,5, in Deutschland 11,5 und in Spanien 74,3!

c) Die Fakultäten wurden dezentralisiert, aber die Dezentralisierung erfolgte nach Gesichtspunkten politischer Opportunität, die Städte wurden nach Gutdünken ausgewählt – ohne Rücksicht auf die bestehende Infrastruktur oder die notwendige Tradition.

d) Das massive Anwachsen der Studentenzahlen erforderte die überstürzte Einstellung Tausender von Hilfslehrkräften (sogenannte Penenes, eine humorvolle Abkürzung für »Profesores no numerarios« – »außerordentliche« Mitglieder des Lehrkörpers). Ihre unterschiedliche Herkunft, ihre unzureichende Ausbildung und ungeregelte Bezahlung waren der Nährboden der Unzufriedenheit. Wenn man dazu bedenkt, daß die Universität in den letzten Jahren der Diktatur der Kriegsschauplatz für die Aktionen gegen das Franco-System war, dann erklärt es sich von selbst, warum Universität und Lehrerschaft marxistisch wurden[5].

Für die Kirche stellt dies ein außerordentlich schwerwiegendes Problem dar.

Man könnte noch viele Details beschreiben, die zur Sorge Anlaß geben. Aber was ich eben dargelegt habe, ist die Situation, in der sich die Kirche befindet.
In Spanien gibt es 64 Diözesanbischöfe (4 davon Kardinäle und 8 Erzbischöfe ohne Kardinalswürde), einen Erzbischof als Militärbischof, 15 Weihbischöfe, 12 alte resignierte Bischöfe. Es sind insgesamt 92, von denen 80 in der Bischofskonferenz stimmberechtigt sind.
Das althergebrachte Vorrecht des Staatschefs, aus den Kandidaten für das Bischofsamt einen zur Ernennung vorzuschlagen, zeigte seine Auswirkungen im Episkopat und hat zu einem guten Teil die konziliare Erneuerung behindert. Der Hl. Stuhl fand eine Möglichkeit, diesen schwerwiegenden Nachteil zu umgehen. Die beiden letzten Nuntien ernannten zahlreiche Weihbischöfe, deren Ernennung nicht der politischen Zustimmung bedurfte, die aber stimmberechtigt in der Bischofskonferenz sind, während die Bischöfe, die aus Altersgründen ausschieden, automatisch ihr Stimmrecht verloren.
Heute kann man sagen, daß der Episkopat insgesamt einheitlich und festgefügt ist, und daß er Theologie und Geist des Zweiten Vatikanums ehrlich und aufrichtig akzeptiert. Die möglichen Ausnahmen in einigen Punkten ändern das Bild der Einmütigkeit nicht und haben natürlich keinerlei Einfluß auf die Treue zur Kirche.
Der erste Punkt, in dem die Kirche eine entschieden konziliare Haltung einnimmt, ist die aufrichtige Annahme des Prinzips der Religionsfreiheit. Die Bischöfe haben wiederholt gesagt, daß sie auf keinem Gebiet für die Kirche eine privilegierte Position beanspruchen, und daß sie – wenn sie Rechte fordern – diese auch für alle Andersgläubigen verlangen, wie im Fall der Menschenrechte.

Für die öffentliche Meinung besteht natürlich eine psychologische Schwierigkeit, diese Erklärungen der katholischen Kirche als aufrichtig zu akzeptieren. Es ist ihre soziologisch gegebene Größe. Sie bittet zwar für alle, aber in der Praxis sieht man doch nur sie. Alle anderen Glaubensgemeinschaften in Spanien sind klein. Die jüdische Minorität ist größtenteils ausländisch; sie umfaßt nur ungefähr 15.000 Mitglieder, die eng zusammengeschlossen sind, über große wirtschaftliche Macht verfügen und die mit der Bevölkerung keine Schwierigkeiten haben noch von ihr abgelehnt werden. Sie fordern keine Rechte, sie sind in dieser Hinsicht »unsichtbar«.

Abgesehen von einer kleinen Minderheit, die mehr Lärm verursacht und Unruhe stiftet, wie die Zeugen Jehovas, zählen die Protestanten ca. 40.000 Mitglieder, das heißt 1 % der spanischen Bevölkerung. Sie haben in einigen Punkten Schwierigkeiten mit dem Gesetz, insbesondere weil nach dem Zweiten Vatikanischen Konzil, als Spanien von einer Haltung der religiösen Toleranz zu einer der Religionsfreiheit übergehen mußte, das Franco-Regime 1967 ein Gesetz erließ, das einschränkende Bestimmungen enthielt. Die Regierung des Königs versucht jetzt diese Situation zu bereinigen. Die katholische Kirche wünscht es von Herzen. Aber in der Praxis verhält es sich doch so, daß man, wenn der Staat der katholischen Kirche mit Millionen Gläubigen eine wirtschaftliche Hilfe gewährt und ebenso einer Religionsgemeinschaft mit 10.000 Gläubigen, die rechtliche Gleichstellung nicht sieht. Was man sieht, ist die riesige wirtschaftliche und mathematische Ungleichheit. Das sind Tatsachen.

Der religiöse Pluralismus in Spanien zeigt heute sich nicht so sehr als »Pluralität der Glaubensgemeinschaften«, sondern eher als »Pluralität von Gläubigen und Nichtgläubigen«. Tatsache ist, daß die Bischöfe aus dieser Sicht heraus eine Position der Kirche ohne Vorrechte anzielen, die diese gegenüber der Gesamtbevölkerung, daß heißt allen Bürgern, einnehmen muß. Doch hier ergibt sich eine neue Schwierigkeit. Wer zieht die Grenze zwischen Glauben und Unglauben in einer traditionell katholischen Gesellschaft, die sich in einem Prozeß der Säkularisierung befindet? Welche Spanier sind katholisch?

Der zweite wesentliche Punkt in der Haltung der spanischen Bischöfe ist ihr fester Wille, keinerlei politischen Druck auszuüben und nicht nur auf den Abstand zu den Parteien, sondern auch zur Regierung zu achten. In der Theorie ist die Formel eindeutig: Unabhängigkeit und Zusammenarbeit. In der Praxis erregt sie Mißtrauen. Es gibt Leute, die glauben, daß die Bischöfe, wenn sie die Ideen und Interessen von Millionen von Katholiken vertreten, in Wirklichkeit in indirekter und apolitischer Weise ihre traditionellen Vorrechte bewahren wollen. Die Bischöfe sind aber aufrichtig. Ein eindeutiger Beweis für ihre apolitische Haltung war, daß sie in den Wahlen vom Juni 1977 keiner Gruppierung, auch keiner christlichen Gruppe ihre Unterstützung gaben. Man ließ verbreiten, daß weder die christlichen Demokraten noch irgendeine andere christliche Partei auf die Unterstützung der Kirche zählen konnte. Allein das Gewissen der Katholiken sollte entscheiden. Die Bischöfe rieten ab von einer kirchlichen Präsenz im Parlament und im Senat. Es gab zwar aus den Reihen der Priester und Ordensleute Kandidaten, die sich nicht daran hielten und die ihren Parlamentssitz durch die Stimmen ihrer Mitbürger erlangten und auch einnahmen. Dies geschah jedoch gegen den Willen der Bischofskonferenz. Zum gegenwärtigen Zeitpunkt übt kein Bischof irgendein politisches Amt aus.

V. Die Probleme der Kirche in der Zeit des politischen Übergangs

1. Das Konkordat

Das letzte Konkordat zwischen dem Hl. Stuhl und Spanien trägt das Datum vom 27. August 1953. Nach einem Vierteljahrhundert entspricht es nicht mehr den Vorstellungen der nachkonziliaren Kirche und der sozialen und politischen Situation im Lande. Die Punkte, die besonders einer Änderung bedurften, waren die offizielle Bindung des Staates an die katholische Religion, die Lage in Bezug auf die religiöse Toleranz (teilweise schon geändert im Jahre 1967) und eine Vielzahl von gegenseitig gewährten Privilegien.

Am 18. Juli 1976 wurde eine Vereinbarung unterzeichnet, mit der eine Revision des alten Vertragstextes begann. Damals war beabsichtigt, daß die Gesamtrevision innerhalb von 2 Jahren durchgeführt werden sollte (am 27. Juli dieses Jahres läuft dieser Zeitraum aus). Die Revision sollte in Form von Teilabkommen erfolgen, wobei gleichzeitig die entsprechenden geänderten und veralteten Konkordatsartikel außer Kraft gesetzt werden sollten.

Trotz der diplomatischen Geheimniswahrung, unter der sich die Besprechungen abspielen, kann man sagen, daß die Teilabkommen allgemeine juristische Probleme betreffen, wie die konfessionelle Bindung des Staates, die Ehegesetzgebung; Probleme des Schulwesens und der Kultur; die Militärseelsorge; den wirtschaftlichen Status. Aber, zwei Monate vor dem Ablauf der 2 Jahre wurde noch kein einziges Abkommen unterzeichnet. Die Opposition dagegen kommt von verschiedenen Seiten.

Oppositionelle Katholiken sagen, daß die Zeit der Konkordate vorbei sei. Die Kirche sollte sich den all-

gemeinen Gesetzen unterwerfen, so wie es das Vereinsrecht vorsieht. Dies scheint ein wenig realistischer Standpunkt zu sein, wenn man die komplexen Sachzusammenhänge betrachtet und die Problematik aus Geschichte und Gegenwart, die hier eine Rolle spielt.
Mehr Gewicht hatte die Haltung der sozialistischen Partei, die »forderte«, daß die Regierung kein Abkommen mit dem Hl. Stuhl unterzeichnen dürfe, bevor nicht über jede Vereinbarung im Parlament abgestimmt worden sei.

2. *Die Verfassung*

Seit der Zeit Napoleons (1812) hatte Spanien 12 Verfassungen sowie 2 weitere, die nicht in Kraft gesetzt wurden. Gemäß allen Verfassungen war die katholische Religion die Staatsreligion – außer in der Verfassung von 1931, die geboren war aus der aggressionsgeladenen Situation in der vom laizistischen Geist bestimmten Republik, die im Bürgerkrieg endete. Im Jahre 1978 wird diese Bestimmung zum erstenmal von der Religionsfreiheit abgelöst. Spanien soll keine Staatsreligion mehr haben.
Für die Kirche bedeutet dies kein Problem. Wohl aber wollte sie sich nicht damit abfinden, daß im ersten Verfassungsentwurf sich der Staat als »nichtreligiös« bezeichnete. Bedeutete dies einen Ausbruch des Laizismus französischer Art aus dem Jahr 1905? – Die Existenz der katholischen Kirche, bisher Staatskirche, wurde völlig verschwiegen. War es nicht ein zu großer geschichtlicher Sprung von der Staatskirche hin zum völligen Schweigen über die Religion der Mehrheit aller Spanier? – Die Freiheit von »Religion und Kult« wurde zugesichert. Könnte hier nicht eine restriktive Auslegung dieser Freiheit etwa im Stile der Sowjetunion eintreten, wenn nichts über die Folgen der Religionsfrei-

heit für die innere kirchliche Organisation, für die Selbstdarstellung in der Öffentlichkeit, über das Recht der Nutzung der Massenmedien, oder im Bereich des Unterrichts gesagt wird?

Man verhandelte mit Mitgliedern des Parlaments, um zu erreichen, daß die nötigen erläuternden Modifikationen aufgenommen wurden, wobei man sich vor allem viel eindeutigere Formulierungen vor Augen stellte, als jene in der Verfassung von Weimar, die heute in der Bundesrepublik gelten.

Es wurde erreicht, daß die katholische Kirche erwähnt wurde, nicht als eine priviligierte, wohl aber als eine bedeutende soziologische Realität, die im Stande ist, mit der Regierung einen Dialog zu führen und zusammenzuarbeiten. Die hartnäckige Opposition der Sozialisten hat es aber verhindert, daß eine Formulierung der Freiheit in den Text aufgenommen wurde, die über die »Freiheit des Kultes« hinausgeht.

Der Artikel 15 des gegenwärtigen Verfassungsentwurfes lautet:

> »1. Die Freiheit von Religion und Kult wird für den einzelnen und die Gemeinschaften gewährleistet. Das Bekenntnis jedweden Glaubens und jeder Ideologie wird gewährleistet mit der einzigen Einschränkung, daß die Äußerungen in der Öffentlichkeit die vom Gesetz geschützte öffentliche Ordnung nicht stören.
>
> 2. Niemand darf zur Erklärung seiner Religion, seines Glaubens oder seiner Ideologie gezwungen werden.
>
> 3. Es gibt keine Staatsreligion. Die Behörden werden auf die Glaubensüberzeugungen der spanischen Gesellschaft Rücksicht nehmen und die daraus folgenden Beziehungen der Zusammenarbeit mit der katholischen Kirche und den übrigen Religionsgemeinschaften aufrechterhalten«[6].

Es ist das erstemal in der spanischen Gesetzgebung,

wenn der Verfassungsentwurf in Artikel 25 die Wehrdienstverweigerung aus Gewissensgründen zuläßt. Das schweigende Einverständnis der kirchlichen Hierarchie ist offenkundig.

Ernsthafte Schwierigkeiten, sowohl aus der Sicht des Konkordats als aus der Sicht der Verfassung, existieren in Bezug auf die Schulfrage (Artikel 26 des Verfassungsentwurfs). Hier steht eine festgefügte sozialistische Opposition der katholischen Auffassung gegenüber. Die Sozialisten könnten noch einer staatlichen Subventionierung privater Schulen zustimmen, jedoch nur unter der Bedingung, daß nicht nur die Verwendung der Subvention im Hinblick auf ihre pädagogische Effizienz kontrolliert würde, sondern auch die Führung der Schulen (ihre Organisation und ihre Programme) der Kontrolle unterliegen müßten.

Schwierigkeiten bestehen in der Frage, ob der Religionsunterricht in der Grundschule und in der Unterstufe der Sekundarschule verpflichtend sein soll oder auf welche Art die Freiheit dort ausgeübt wird. Oder andersherum gefragt: Soll die Primarschulerziehung frei von Religion sein und wann und auf welche Art soll den Kindern religiöse Erziehung vermittelt werden, deren Eltern dies wünschen? In Spanien ist dieses Problem gerade deshalb so schwerwiegend, weil es einen totalen Bruch mit der Geschichte bedeutet. Und überdies wird die Lage noch verschlimmert durch die Tatsache, daß viele Lehrer des Bereichs der allgemeinen Grundausbildung auf dem Lande (wo die Schule noch Einheitsschule sein soll) heute Marxisten sind[7].

Anlaß zu heftigen Kontroversen wird auch (und es ist heute schon in den Massenmedien) der Versuch sein, die Scheidung zu legalisieren. Seitens der Kirche existiert keinerlei Druck auf den Staat, diese Legalisierung nicht von sich aus vorzunehmen. Dies ist seine Sache, und seine Entscheidung wird die Haltung der Kirche in Bezug auf die Katholiken nicht ändern. Die Schwierig-

keiten kommen erstens vom augenblicklich geltenden Konkordat: entweder wird zuerst das Konkordat geändert oder die Verfassung müßte das Konkordat verletzen, und zweitens von der ablehnenden Haltung vieler Katholiken, die dem Staat die Macht absprechen, Ehen aufzulösen einschließlich der katholischen.
Im Artikel 31 des Verfassungsentwurfs heißt es:

> »1. Nach Eintritt der Ehefähigkeit können Mann und Frau bei völliger Gleichheit der Rechte und Pflichten eine Ehe schließen.
> 2. Das Zivilrecht wird die Formen der Ehe, die Rechte und Pflichten der Ehegatten, die Gründe für die Trennung und Auflösung der Ehe und die daraus resultierenden Folgen regeln.«

Im Falle einer Volksabtimmung könnte dies Anlaß zu einem Religionskrieg sein. Wenn die Fassung dieses Artikels unbestimmter wäre und der Staat sich nur die Regelung der »bürgerlichen Folgen der Ehe« vorbehalten würde, gäbe es keinen Vorwand für einen Religionskrieg. Der Staat könnte dann später von sich aus Gesetze erlassen, und die Bischöfe könnten dann nur die Katholiken an die Pflichten erinnern, die ihnen ihr Glaube auferlegt.
Mir scheint, daß die Verfassung keine weiteren Punkte für Konflikte mit der Kirche beinhaltet.

VI. Die wirtschaftliche Grundlage der Kirche

Nach den Enteignungen im 19. Jahrhundert, in denen der Staat die Kirche arm gemacht und ausgeraubt hat, leistete er Wiedergutmachung in Form des »Kirchenetats«. Diese offensichtliche Großzügigkeit war in Wirklichkeit ein Mittel der Unterdrückung, und zwar aus zwei Gründen:
1. Durch die zur Verfügung gestellten Mittel selbst:

Der Staat handhabte den Etat als ein Instrument zur Ausübung ideologischen Drucks. In den letzten Jahren der Herrschaft Francos erhielt ein Bischof vom Staat ca. Ptas. 8.000 (= DM 200) monatlich als Gehalt. Wenn er Anhänger des Regimes war, konnte er an zusätzliche Mittel kommen, an Hilfen für das Seminar, Zuschüsse zum Bau von Kirchen, Leistungen, die den kooperationsunwilligen Bischöfen nicht gewährt wurden. Da die Weihbischöfe ohne die »Zustimmung« des Staatschefs ernannt worden waren, »vergaß« sie der Staat. Es gab Weihbischöfe, die während mehrerer Jahre keinerlei staatliche Zuwendungen erhielten, und die nur von ihrem Ortsbischof bezahlt wurden.
2. Wegen der Struktur des Etats: Die Etatposten waren nicht flexibel. Deshalb bewirkte das Festschreiben des Etats auf die Dauer eine unbewegliche Pastoralarbeit. Neue Notwendigkeiten, die sich ergaben, konnten nicht gedeckt werden, für neue Stellen gab es im Etat kein Geld. Die alten Landpfarreien, die wegen der Abwanderung der Menschen vom Land in die Stadt geschlossen werden mußten, erhielten weiter Zuweisungen, die der Bischof de facto aber anderweitig verwendete, ohne Rücksicht auf die ursprüngliche Bestimmung dieser Mittel.
Diese völlig verzerrte Situation erforderte eine drastische Lösung. Mehr noch als das Geld benötigte die Kirche eine innere und äußere Freiheit. Im Angesicht einer neuen Epoche in der Geschichte war die Regierung des Königs der Meinung, daß das anachronistische System abgeschafft werden müsse, dessen Anlaß überholt und weithin unbekannt war. Andererseits ist die Vorstellung von einer Trennung von Kirche und Staat nicht so leicht zu vereinbaren mit einem Zustand, in dem der Staat die Kirche finanziert.
Zur Erleichterung des Übergangs stellte die Regierung 1978 der Bischofskonferenz von Spanien denselben Betrag wie 1977 zur Verfügung, erhöht um den Prozent-

satz der Steigerung der Lebenshaltungskosten. Insgesamt waren es 6.000 Millionen Peseten (DM 150.000.000), jedoch als Globalbetrag, ohne eine detaillierte Aufschlüsselung des Verwendungszweckes. Das hat der Kirche zwar nicht mehr Geld, aber ihre Freiheit gebracht.

In der Tat hat die spanische Bischofskonferenz in diesem Jahr zum erstenmal in ihrer Geschichte die Sozialversicherung für ihre Priester (Sicherung gegen Krankheit, Invalidität und für das Alter) durchführen können. Sie konnte auf nationaler Ebene die Staatsmittel nach einheitlichen Grundsätzen verteilen.

Für jeden spanischen Priester wurde ein wahrhaft bescheidenes Gehalt festgesetzt, Ptas. 15.400 pro Monat (DM 385). Jeder Bischof, gleich welchen Ranges, erhält Ptas. 40.000 pro Monat (DM 1.000). Das gilt für einen Kardinal genauso wie für einen Weihbischof. Die Kirche ist arm, aber sie wird immer unabhängiger.

In der Zukunft sind verschiedene Alternativen möglich:

1. Die totale und plötzliche Einstellung der Hilfe des Staates in einer Situation einer gegen die katholische Kirche gerichteten Aggressivität. Hier müßte man mit der Hilfe der Gläubigen überleben.
2. Eine progressive Abnahme der staatlichen Hilfe, ein Fall, der absehbar und wahrscheinlich ist. Hier werden wir uns beeilen müssen, um unter den katholischen Gläubigen ein Bewußtsein für diese wirtschaftlichen Fragen zu schaffen, damit wir in fünf bis sechs Jahren auf eigenen Füßen stehen.
3. Es gibt noch eine Lösung, für die eine gewisse Wahrscheinlichkeit existiert und die einige Regierungsmitglieder anstreben. Diese Lösung würde auch der Kirche gefallen, sie stößt jedoch auf eine Kampagne, die gewisse fortschrittliche Katholiken in der Presse führen. Es handelt sich um die Einführung einer Kirchensteuer ähnlich dem deutschen Modell. Es würde

sich hier um eine Initiative des Staates handeln, sie würde auf alle Religionsgemeinschaften in Spanien in gleicher Weise angewandt und alle Bürger müßten die Steuer bezahlen. Den Betrag aus der Besteuerung konfessionsloser Bürger würde der Staat wohltätigen und kulturellen Zwecken zuführen. Diese Regelung würde verhindern, daß die für ein lateinisches Land sehr reale Gefahr des »Kirchenaustrittes aus wirtschaftlichen Gründen« Wirklichkeit werden könnte.

Welche dieser Alternativen wird für die Kirche Wirklichkeit?

Ich habe versucht, Ihnen andeutungsweise unsere Lage und unsere Probleme zu schildern. Wir spanischen Katholiken treten in eine neue Epoche unserer Geschichte ein. Unsere Bischöfe sehen sie mit klarem Blick und mit großmütigem Herzen. Wir hoffen auf Sympathie und in vieler Hinsicht auf die vielfältige Hilfe der deutschen Katholiken.

Anmerkungen

[1] Ich übernehme die Verantwortung für alle Beurteilungen, die ich über geschichtliche Ereignisse oder Haltungen der Kirche hier ausspreche. In bezug auf die Politik versuche ich dort keine Meinung zu äußern, wo mir ein Urteil nicht zusteht. Ich beschränke mich darauf, aus der Presse oder aus Büchern die objektiven Daten zu zitieren, die ich aus der Sicht eines Katholiken für wichtig halte.

[2] Aus deutscher Sicht ist es schwierig, die Atomisierung der Parteien zu begreifen. Außer den 200 Parteien, die nicht im Parlament repräsentiert sind, gruppieren sich die anderen 40 in folgende Gruppen:

1: Alianza Popular (AP), rechts stehend: Es ist die Union folgender Parteien:
Reforma Democrática
Acción Democrática Española
Unión Nacional Española
Acción Regional de Cataluña
Democracia Social
Union del Pueblo Español

2: Unión Centro Democrático (UCD), in der Mitte, gegenwärtig an der Macht: In Wirklichkeit ist es ein Gemisch folgender Parteien:
Partido Popular
Partido Demócrata Christiano
Partido Social-Demócrata
Partido Gallego Independiente
Federación de Partidos Demócratas y Liberales
Acción Regional Extremeña (AREX)
Partido Demócrata Popular
Partido Popular Regional Valenciano
Partido Sozial Liberal Andaluz
Unión Demócrata Murciana
Unión Canaria
Federación Social-Demócrata
3: Partidos Vascos (Baskische Regionalparteien), sie sind mehr gegen- als miteinander:
Partido Nacionalista Vasco (PNV), katholisch
Euzkadiko Ezquerra, links stehend
4: Partidos Catalanes (Katalanische Regionalparteien), eine Gruppierung von:
Unió Democratica de Catalunya
Esquerra Republicana de Cataluña
Partido Socialista Unificado de Cataluña (PSUC), kommunistisch
Partido Socialista de Cataluña-Congrés
Partido Socialista de Cataluña (Neugruppierung)
Convergencia Democráta de Cataluña
Esquerra Democrática de Cataluña
Partido Popular de Cataluña
5: Partidos Socialistas (Sozialistische Parteien):
Partido Socialista Obrero Español (PSOE)
Partido Socialista Popular (PSP), mit der PSOE seit kurzem vereinigt
Partido Socialista de Aragón
6: Partido Comunista Español (PCE), Kommunistische Partei Spaniens.
Im Senat sind dieselben Gruppen repräsentiert; darüber hinaus noch eine demokratische Linke und eine liberale Allianz.

[3] Am 8. Mai erklärte in Barcelona Felipe Gonzales, der Präsident der Sozialistischen Arbeiterpartei, zur Ortsbestimmung seiner Partei: Er wolle den Marxismus hinter sich zurücklassen und fühle sich mehr als »Sozialdemokrat«.
Die unmittelbaren Reaktionen waren:
– Daß die anderen Sozialisten dagegen opponierten; zum Beispiel

Pablo Castellanos: »So hat Willy Brandt angefangen, am Ende hat er die Arbeiter an Krupp verkauft.«

– Es handle sich darum, Stimmen vom linken Flügel der UCD wegzunehmen; die Absage an den Marxismus sei rein technischer Natur, eine Sache der Terminologie, es ist dasselbe wie die Absage an den »Leninismus« durch die Spanisch-Kommunistische Partei. Alfonso Guerra, der die zweite Stelle in der Partei einnimmt, erklärte am 9. Mai: »Niemand hat gesagt, daß die PSDE auf dem Wege ist, den Marxismus zu verlassen«; »nicht derjenige ist ein besserer Marxist, der am lautesten schreit.«

– Pedro Bofill, der dem Exekutivkomitee der PSP angehört: »Meiner Meinung nach bedeuten Worte nichts, es bleibt beim wesentlichen Inhalt des Marxismus.«

[4] Im Text wurden neun große Gewerkschaftsverbände erwähnt, wenn überhaupt mehr als drei als »groß« bezeichnet werden können. Jedoch gibt es hinter diesen neun »eine unendliche Liste von Abkürzungen, ein wahres Spinnengewebe, das mehr als 6.000 Organisationen umfaßt, seien es Arbeitnehmer, seien es Arbeitgeber, welche augenblicklich eingeschrieben sind« (Zeitung »Arriba« von Madrid).

Im April 1976 beging die sozialistische UGT ihren 30. Kongreß, erstmals nicht mehr im Untergrund. Im April 1977 wurde der größere Teil der im Untergrund bestehenden Gewerkschaften legalisiert.

Als Antwort darauf organisierten sich zum ersten Mal nach 40 Jahren im Juni 1977 auch die spanischen Arbeitgeberverbände (Confederación Española de Organizaciones Empresariales – CEOE). Die neue gewerkschaftliche Wirklichkeit in Spanien wurde vom Internationalen Arbeitsamt in Genf anerkannt. Die Regierung löste die bisherige CNS (Central Nacional Sindicalista) auf, die totalitäre Organisation des bisherigen Regimes.

Die Mitgliederzahlen verteilten sich im Januar 1978 so, auch wenn diese Angaben nur unter Vorbehalt gemacht werden können:

- Comisiones Obreras (CC.OO. Arbeiterkommissionen): 2 Millionen
- UGT (sozialistisch): 2 Millionen
- CNT (anarchistisch): 325.000
- SU (maoistisch): 500.000
- CSUT (Sammlungssozialisten): 480.000
- USO (Selbstverwaltungssozialisten): 650.000
- CGT (unabhängig): 284.000

Auch bei den Arbeitgeberorganisationen besteht dieselbe Atomisierung, und die Zusammenschlüsse sind viel lockerer. Die wichtigsten sind:

- CEOE: Konföderation der Arbeitgeberverbände Spaniens

– CEPYME: Organisation der kleinen und mittleren Unternehmen (415 Unternehmer, in die CEOE integriert)
– COPYME: »la patronal roja«.

[5] Die Madrider Zeitung »Diario 16« führte in einem Kommentar am 24. 3. 1977 aus, daß die ideale Studentenzahl einer Universität, alle Fakultäten eingeschlossen, bei 15.000 liegen sollte. Aber allein die Universität Complutense, eine von drei Universitäten in Madrid, hat 110.000 Studenten und ist somit die größte in Westeuropa.
Die Madrider Zeitung »ABC« schrieb am 17. 8. 1977, daß für das Jahr 1980 die Zahl derjenigen, die einen akademischen Titel haben und keinen Arbeitsplatz finden werden, auf 72.828 geschätzt werden könne. Zum Beispiel werden in den philosophischen Fakultäten 42.000 Studenten mehr, als gebraucht werden, den Abschluß machen; ein akademisches Proletariat ohne Arbeit.
Ich muß noch andere gravierende Daten hinzufügen: Allein die Fakultät für Informationswissenschaften in Madrid – es gibt noch andere in Barcelona und Pamplona – hat 8.000 Studenten. Was kann für Spanien erwartet werden, wo die Lesefreudigkeit niedrig ist, wenn jedes Jahr 1.500 Journalisten eine Stelle suchen? Nur die Kulturrevolution.
In Barcelona gibt es zwei Universitäten mit insgesamt 60.000 Studenten. Die Gesamtzahl aller Studierenden in Spanien beläuft sich auf 350.000. Die Zahl erstreckt sich immer nur auf die immatrikulierten Studenten, weil diejenigen, die darüber hinaus zu den Veranstaltungen regelmäßig kommen, nicht kontrolliert werden können.
Das Schlimmste an der universitären Situation ist allerdings nicht der quantitative Aspekt. Die Madrider Zeitung »Arriba« veröffentlichte am 18. 5.1978 einige Seiten einer Erklärung des Professors García Calvo von der Universität Complutense (Madrid) mit so nihilistischen Äußerungen wie diese: »Mein Wunsch ist, daß es keine Universität gibt«; »die einzige Aktivität des Widerstandes, die heute bei einem Teil der Studenten einen Sinn hat, ist der Aufstand gegen die Examen«; »es bleibt nichts anderes als die Offensive gegen die Notwendigkeit von akademischen Titeln«; »wir müssen die Universität den Studenten geben«. Derartige Äußerungen eines Professors deuten auf die schwere Krise der Universität hin.

[6] Nach der Niederschrift dieses Textes hat das Spanische Parlament auf der Sitzung am 18. 5. jenen Artikel 15 angenommen, und zwar in derselben Form, die er im Entwurf hatte.
Wie ich bereits ausgeführt habe, war eine Polemik entstanden zwischen der extremen Rechten, die eine ausführliche Erklärung über die katholische Konfession anstrebte, und der sozialistischen Gruppe im Parlament, die jede Erwähnung der katholischen Kirche zu blockieren suchte. Die Kommunisten, die bei diesem kon-

fliktreichen und unpopulären Thema Stimmen einzubüßen fürchteten, bekräftigen entschieden die »Beziehungen der Zusammenarbeit mit der katholischen Kirche und den anderen Konfessionen«. Der kommunistische Abgeordnete Solé Tura trat sehr dafür ein, wie wichtig die Kirche in Spanien ist und daß die kommunistische Partei die Zusammenarbeit zum Zwecke des religiösen Friedens suche; er stimmte für den Text des Entwurfs (»Pueblo«, Madrid, 19. 5. 1978).

[7] Der Artikel 26, vom Parlament in der Sitzung am 23. 5. angenommen, besagt:

1. Alle haben das Recht auf Erziehung. Die Freiheit der Lehre wird gewährleistet.
2. Die Erziehung hat das Ziel der vollen Entfaltung der menschlichen Persönlichkeit im Hinblick auf die demokratischen Prinzipien des Zusammenlebens und auf die fundamentalen Rechte und Freiheiten.
3. Die staatlichen Behörden garantieren das Recht der Eltern auf religiöse und sittliche Erziehung ihrer Kinder, wie es ihren eigenen Überzeugungen entspricht.
4. Die Volksschule ist verpflichtend und schulgeldfrei.
5. Die staatlichen Behörden garantieren das Recht aller auf Erziehung vermittels allgemeiner Rahmenrichtlinien des Unterrichts, mit wirksamer Teilnahme aller betroffenen Sektoren und vermittels der Errichtung pädagogischer Zentren.
6. Es wird gewährleistet, daß physische und juristische Personen die Freiheit der Errichtung von pädagogischen Zentren haben, innerhalb der Grenzen der Verfassungsprinzipien.
7. Die Lehrer, die Eltern und für ihren Teil die Schüler nehmen an der Kontrolle und Mitbestimmung all derjenigen Einrichtungen teil, die von der Verwaltung aus öffentlichen Mitteln unterhalten werden innerhalb der Grenzen, die durch ein Gesetz festgesetzt werden.
8. Die staatlichen Behörden werden für die Überwachung und die Angleichung des Erziehungssystems Sorge tragen, um die Erfüllung der Gesetze zu gewährleisten.
9. Die staatlichen Behörden werden die pädagogischen Zentren unterstützen, die gemäß dem Gesetz die erforderlichen Bedingungen erfüllen.
10. Die Autonomie der Universitäten wird gewährleistet innerhalb der Grenzen, die das Gesetz festlegen wird.

Die Einwände, welche von großen Gruppen gegen die Formulierung vorgebracht werden, sind:

- Sie ist konfus und die Gewährleistung der Freiheit der Lehre ist rein formal, insofern die Eltern nur das Recht auf eine religiös-sittliche Erziehung ihrer Kinder haben, aber nicht den fundamentalen Inhalt und das Menschenbild bestimmen können, die sie bei dem ganzen Erziehungsprozeß für ihre Kinder von der Schule erwarten.

- Sie autorisiert zwar die Gesellschaft, pädagogische Zentren zu errichten, aber sie verhindert nicht die staatliche Kontrolle dieser Einrichtungen, wodurch die Freiheit wieder aufgehoben wird. Es sind vor allem vier Fragen: Die Entwicklung der künftigen Gesetzgebung (marxistisch?), die Kontrolle der nicht-staatlichen Schulen, die bedingte Gewährung wirtschaftlicher Hilfen, die bedingte Autonomie der Universitäten.

Unter diesen Umständen wird einer künftigen Gesetzgebung Tür und Tor geöffnet, welche die Interpretation der Lehrfreiheit in die Hand der politischen Partei legt, die an der Macht ist.

Arthur F. Utz

Eine dirigistische Wirtschaft für Europa?

I. Der Streit um objektiv gültige Gesellschaftsnormen

Bei der Projektion einer wirtschaftlichen Ordnung für das kommende Europa müssen wir als Christen uns vor einem grundsätzlichen Irrtum hüten, als ob wir die gegebene wirtschaftspolitische Landschaft einfach hinzunehmen und nur zu überlegen hätten, wie wir uns als Christen einordnen. In der neuesten, d. h. nachkonziliarischen Entwicklung der katholischen Moraltheologie, besser gesagt: der katholischen Moraltheologen, hat sich die Ansicht breit gemacht, daß die katholische Sittenlehre so umfassend sein müsse, daß sie alle gutgemeinten Werturteile der Geschichte in sich zu begreifen vermöge. Man verweist hierbei auf das Gewissen als Norm der sittlichen Entscheidung und findet in der Aufrichtigkeit des Verantwortungsbewußtseins den einzigen Gesichtspunkt, auf den es ankommt, dies vor allem auch im Hinblick auf das irrige Gewissen, das, wie man weiß, ebenfalls Norm ist und auch sein muß. Alles, was außerhalb der Selbstverantwortung liegt, etwa das Objekt, erscheint variabel. Im Hinblick darauf, daß es Epochen gab und Völker gibt, die von der Ehe und der Familie eine ganz andere Vorstellung als wir vertreten, sei schließlich über die objektiven Normen nichts auszumachen. Entscheidend sei das Bemühen, leidenschaftslos eine Ordnung zu suchen, die sittlich verantwortet werden könne. Die sittliche Vernunft wird hierbei der geschichtlichen Entwicklung unterworfen, so daß alles Dauerhafte in den Normen, weil unformulierbar, verschwindet. Die Formulierung der

sittlichen Normen sei in den verschiedenen Zeiten und Kulturen so unterschiedlich, daß etwas Gemeinsames nicht mehr zum Ausdruck gebracht werden könne.
Übernehmen wir diese These, dann brauchen wir nur eine sorgfältige Analyse der derzeitigen Ordnungsvorstellungen, wie sie in Europa geltend sind, vorzunehmen. Wir kämen dann etwa zum Ergebnis, daß man in allen europäischen Staaten die großen sozialen Unterschiede abbauen, daß man die Existenz aller, einschließlich der Alten und Betagten, gemeinsam sichern, daß man jedem, vorab dem Arbeitnehmer, einen Anteil an der wirtschaftlichen Entwicklung, sowohl im Betrieb wie in der Wirtschaftspolitik zugestehen, daß man im Zuge dieser sozialpolitischen Ziele einen weitgehenden staatlichen Eingriff in die Marktwirtschaft befürworten, d. h. das Produktiveigentum und die damit verbundene Dispositionsgewalt einschränken, also den Trend in die Sozialisierung als geringeres Übel, vielleicht auch als notwendige Komponente der großindustriellen Entwicklung in Kauf nehmen soll.
Der Sozialethiker hätte also, wenn man die besagte moraltheologische Normenlehre übernimmt, nichts anderes zu tun, als rein soziologisch bestehende Normen zu konstatieren. Die moraltheologische Aufgabe sähe er nur noch darin, dem Christen den Privatweg zur Bewältigung seiner spirituellen Aufgaben und Probleme in einer so gewandelten Welt zu weisen. Vielleicht könnte er ihn noch ermuntern, mit dieser Welt sich zu befassen, ohne ihm allerdings anzugeben, wie die Welt, in der der Christ sein Heil sucht, eigentlich aussehen müßte, wenn sie christlichem Denken entsprechen würde, denn eine solche Imagination würde als ebenso unrealistisch erachtet wie die Erzählung vom Schlaraffenland. Zudem verdiente sie das Verdikt einer Ideologie, ein Vorwurf, mit dem man unter wissenschaftlicher Verbrämung jede als allgemeingültig vorgestellte Gesellschaftsnorm an die Wand drückt. Solch unmoderne

Äußerungen dürfte heute ein Wissenschaftler, der ernst genommen werden möchte, nicht mehr vorbringen. Nichts scheint heute verpönter zu sein, als noch von einer katholischen Soziallehre zu sprechen. Im Grunde übernehmen diese Moraltheologen die seit Kant übliche Auffassung, daß die Werte irrational sind. Danach hat jeder seine eigenen Wertvorstellungen bezüglich seiner Person wie auch bezüglich der Gesellschaft. Diese Werte sind aber rational nicht faßbar, also auch nicht diskutierbar. Andererseits müssen sie rational umgesetzt werden, um Universalität zu gewinnen. Denn für die Gesellschaft können nur universal gültige Werte in Frage kommen. Für diese rationale Umsetzung werden von den verschiedenen Autoren unterschiedliche Wege angegeben, z. B. die Maxime von Kant, die Handlungsprinzipien von Rawls usw. Alle Denker, die Wertvorstellungen für die Gesellschaft als gültig verteidigen, werden des Nazismus und des Totalitarismus verdächtigt.

Für die Gesellschaftspolitik ist diese Dynamisierung der sozialen Normen unter Umständen verhängnisvoll. Wenn sämtliche Normen im Demokratisierungsprozeß aufgeweicht werden, erwacht das Gewissen, sofern es überhaupt noch eines gibt, erst nach schweren gesellschaftlichen Rückschlägen, aus denen es unter Umständen kein Entrinnen mehr gibt, es sei denn in die totalitäre Demokratie, wie sie der Osten uns vorlebt. Für die Wirtschaft vermag die moderne Konzeption der Rationalisierung der sozialen Wertvorstellungen kaum eine andere Politik zu verfolgen als die des Marxismus. Die wirtschaftlichen Ordnungsprinzipien bilden sich pragmatisch in der Masse der Gesellschaftsglieder – und nicht nur dort, sondern selbst auch bei den Wirtschaftswissenschaftlern – gemäß dem geschichtlichen Werdegang der Wirtschaft. Die Aushöhlung des Privateigentums scheint normal zu sein. Die Ausgestaltung des Staates zum Labourstaat wird in Kauf ge-

nommen als eine Entwicklung, die sich aus der Koalitionsfreiheit ergibt. Man erkennt hierbei nicht, daß wir im Sog einer falsch verstandenen Konzeption der Tarifautonomie schwimmen.
Die Kritiker der katholischen Soziallehre tragen ihre Meinung selbstverständlich als allgemeingültig vor. Gegenüber dieser sozialethischen Standpunktlosigkeit als allgemeiner Norm hat der Marxismus leichtes Spiel, da er ebenfalls die These von der totalen Auflösung geschichtsmächtiger Ordnungsprinzipien hält, dabei aber einen, jedenfalls in seiner Sicht, festen Standort und damit einen Beurteilungsmaßstab des geschichtlichen Augenblickes besitzt. Der Marxismus erfüllt immerhin das Grundbedürfnis des denkenden Menschen, sich über den Standort, den man gerade in der Weltgeschichte einnimmt, Rechenschaft zu geben.
Die Moraltheologen, die die katholische Soziallehre kritisch als überholte Ideologie zurückweisen, sollten sich klar darüber äußern, ob sie auf der sozialethischen Standpunktlosigkeit beharren oder ob sie den Marxismus als neue katholische Soziallehre verteidigen wollen. Beide Richtungen zeichnen sich heute deutlich ab. Die Vertreter beider Richtungen können verlockende Schlagwörter auf ihr Programm schreiben. Die einen, die mit dem hohen Gut der Freiheit die wertneutrale Pluralität als ihr A und O vertreten, preisen die Mobilität von Kapital und Arbeit, die Leistung als Prinzip der Zurechnung und damit die Effizienz der Wirtschaft. Die marxistisch Orientierten sprechen aus voller Brust von sozialer Gerechtigkeit, von der Beseitigung der Einkommensunterschiede, von der Humanisierung der Arbeit, von Partizipation und Mitbestimmung auf allen Ebenen. Und das macht Eindruck, weil die breite Masse zunächst leben und dann erst frei sein will. Die marxistisch eingestellten Theologen sind zudem dadurch im Vorteil, daß sie die Mängel des Kapitalismus anprangern können, ohne selbst bewiesen zu haben,

inwieweit ihr Projekt von der Gesellschafts- und Wirtschaftsordnung über die Idee hinaus ihre empirische Bestätigung finden wird.

II. Die Notwendigkeit einer christlichen Gesellschaftsphilosophie zur Überwindung des Marxismus und des Liberalismus

Dem Christen stellt sich nun die Frage, ob er sich mit einer dieser beiden Positionen abfinden will. Wenn nicht, was er als Alternative anzubieten vermag. Die marxistische Lösung muß wegen ihres wesentlich atheistischen Fundamentes, also schon im Ansatz, abgelehnt werden. Die marxistischen Theologen erwidern allerdings darauf, die Planifikation der Kollektivwirtschaft sei auch ohne Atheismus denkbar. Denkbar, gewiß. Es steht aber zur Frage, ob die in der Transzendenz verankerte und vom Marxismus abgelehnte persönliche Freiheit die unabdingbare wirtschaftliche Absicherung in der kollektiven Planwirtschaft erhält. Gewiß ist denkbar, daß das in der Planwirtschaft garantierte Einkommen dem Einzelnen auf dem Weg des Sparens auch jene Mittel gewährleistet, die er zur Dekkung der materiellen Grundlage seiner spirituell und religiös orientierten Lebensführung braucht. Wer aber wird ihm die Produktion dieser materiellen Grundlage zusichern? Nun, man könnte sich vorstellen, daß die Planbehörde auch dieses Bedürfnis einkalkuliert. Und es wäre auch denkbar, daß in der Planbehörde ebenfalls religiös eingestellte Vertreter sitzen. Der Weg über eine, wenn auch noch so demokratisch gewählte Planbehörde verhindert aber die freie Entfaltung jener Wünsche, die in der spirituellen Lebensauffassung ihre Wurzel haben. Die zentrale Planung bedeutet notwendigerweise eine Vermaterialisierung der Nachfrage. Gewiß hat gerade der Kapitalismus zum Teil irrsinnige

Konsumwünsche nicht nur begünstigt, sondern sogar quasi kreativ provoziert. Er hat zum Absinken der Konsummoral nicht wenig beigetragen. Dennoch läßt er der kulturell und sittlich-religiös motivierten Nachfrage die notwendige Freiheit. In einer freien Gesellschaft fällt die Aufgabe, die Konsummoral zu heben, nicht der Wirtschaft, sondern der sozialen Ordnung zu. Die Konsumentenbildung und -erziehung gehört bereits in die Anfänge der Schulzeit.

Die zentrale Wirtschaftsplanung, wie sie alle nichtmarktwirtschaftlichen Systeme vorsehen, vermag vielleicht manche sinnwidrige Allokation zu verhindern, sie vermag aber keinesfalls jene Produktion zu stimulieren, die den personal verantworteten Konsumwünschen entspricht. Es gibt andere Instrumente als die zentrale Planung, um einer offensichtlich ungeordneten, menschlich nicht mehr zu verantwortenden Produktion die Aktionsbreite zu begrenzen. Die zentralgelenkte Wirtschaft, wie immer sie sich gestalten mag, ob stufenweise durch die vielfältige kollektive Selbstverwaltung oder unmittelbar durch direkte zentrale Lenkung von oben nach sowjetischem Muster, bedeutet für die sittlich-religiös orientierte Nachfrage stets eine größere Einbuße als die entfesselnde Konsumstimulierung des Kapitalismus.

Andererseits stehen im Raum die Forderungen nach sozialer Gerechtigkeit, nach besserer Einkommens- und Vermögensverteilung, nach Humanisierung der Arbeit, auch nach Partizipation und Mitbestimmung. Zu diesen Fragen muß der Christ eine Antwort wissen. Er muß sie irgendwo einordnen können. Mit der Kantschen Doktrin von der Autonomie der Vernunft und dem Gleichgewicht der Freiheiten kommt man an die sozialpolitischen Probleme nicht heran, die gerade dem Christen so nahe liegen müssen. Darum kann noch weniger als das marxistische das liberale Denken Ansatzpunkt gesellschaftspolitischer Ordnungsvorstel-

lungen sein. Der Liberalismus hat, wenn man ihn von seinem philosophischen Fundament her sieht, im Gegensatz zum Marxismus überhaupt keine Ordnungsvorstellung. Der Christ muß sich darum in eigener Logik auf einen Beziehungsrahmen besinnen, in dem die verschiedenen sozialen Probleme einen ihnen angemessenen Standort erhalten. Entscheidend ist also dieser Beziehungsrahmen, die sozialethisch begründete wirtschaftliche Gesamtordnung.
Hier melden sich nun die Zweifler, ob vom katholischen Denken aus ein solches wirtschaftliches Ordnungssystem überhaupt erstellbar ist, nachdem die Kirche in ihren offiziellen sozialen Verlautbarungen sich so unterschiedlich und oft scheinbar widersprüchlich geäußert hat. Was hat man nicht alles mit dem Naturrecht begründen wollen, von der Befürwortung der Leibeigenschaft und feudalistischen Klassengesellschaft bis zur Proklamation der Demokratie, vom Zinsverbot Benedikts XIV. bis zur Hochschätzung des Bankwesens bei Pius XII., von den Zensurmaßnahmen Innozenz' VIII. bis zur Abschaffung des Index durch das Motu proprio vom 7. Dezember 1965 und die entsprechende Erklärung der Glaubenskongretation vom 14. Juni 1966[1] und nicht zu vergessen die Verkündigung der Gewissensfreiheit durch das II. Vatikanische Konzil.
Die Kirche hat niemals eine systematische Sozialethik erstellen wollen. Sie spricht in sozialen Fragen meistens zeitgebunden. Ihre Argumente waren demgemäß auch geistesgeschichtlich bedingt, auch wenn sie Fragen mit Berufung auf das Naturrecht behandelte. Die Natur der Sache ist immer verschieden, wenn man sie konkret sieht. Dennoch durchläuft die menschliche Vernunft in jeder Analyse einen Denkprozeß, in dem sie allgemeine Prinzipien anwendet, die sie im Augenblick nicht zu formulieren vermag, die aber nichtsdestoweniger impliziert sind und auch Realitätswert haben. Diese Prin-

zipien sind deswegen nicht streng formulierbar, weil sie in ihrer analogen Sinnfülle erst dann verständlich sind, wenn wir alle verschiedenen Umstände, in denen sie ihre konkrete Ausgestaltung und Anwendung finden, erfaßt haben. Das aber wird erst am Ende der Zeiten der Fall sein. Die Prinzipien aber deswegen verwerfen oder sie den soziologischen Hypothesen gleichsetzen, hieße die Struktur unserer Erkenntnis negieren. Wir wären gegenüber jeder Analyse der konkreten Natur der Sache hilflos. Ohne die Analogie des Seins, an der das kirchliche Lehramt um der natürlichen Gotteserkenntnis willen immer festgehalten hat, könnten wir überhaupt nichts erkennen, was dauernden realen Wert hat.

Wir sagen heute – und es sind nicht nur die Naturrechtler, sondern gerade die anderen, darunter auch Sozialisten –, daß der Krieg kein Mittel zum gerechten Frieden sein könne. Wir denken dabei an die zerstörerischen Folgen des Krieges, die in mindestens gleich verderblicher Weise den Angreifer wie den Verteidiger treffen. Früher waren die Völker der Überzeugung, daß es Feigheit sei, sich dem ungerechten Angreifer nicht mit Waffengewalt zu widersetzen. Und sie hatten nicht weniger Recht. Wir und unsere Vorfahren sind und waren überzeugt, daß es sich lohnt und sogar moralisch geboten ist, für den absoluten Wert der Gerechtigkeit sein Leben einzusetzen, allerdings nur um einer Gerechtigkeit willen, die verwirklicht werden kann. Diese Bedingung wird von der konkreten Situation bestimmt. Darum die verschiedenen Wertformulierungen.

Ähnliches ließe sich über das im Zusammenhang mit Humanae Vitae ins Feld gezogene Zinsverbot sagen.

Ohne stillschweigende Implikation von solchen analogen Prinzipien wäre es oft unmöglich, Rechtsfälle, vor allem solche des wirtschaftlichen Lebens (Bundesarbeitsgericht) begründbar zu lösen. Was man einer gewissen Richtung der Naturrechtslehre ankreiden mag,

ist ihr Eifer, ihre zeitgebundene Formulierung als überzeitlich bewertet zu haben, vor allem nicht normenlogisch genügend unterschieden zu haben zwischen dem, was absolut und was empirisch in den Prinzipien ausgesprochen ist, ein Gedanke, der vor allem für die Frage nach dem Recht auf Eigentum grundlegend ist.
Aber klagen wir diese Eiferer nicht zu selbstsicher an. Das Recht auf Arbeit und das Recht auf Mitbestimmung, das Recht auf Parizipation und damit zusammenhängend die Forderung nach Demokratisierung werden heute in einer Weise formuliert, als ob sie zum Urkodex der Schöpfung gehörten und in den verschiedensten Bereichen in gleicher Weise gelten würden. Wenn eine Zeit mit Naturrechtsformeln um sich geworfen hat, dann ist es die unsrige. Und zwar sind es gerade diejenigen, die das Naturrecht als Philosophie der Leerformeln bekritteln.

III. Die allgemeingültigen Prinzipien der katholischen Soziallehre im Hinblick auf die Wirtschaft

Fragen wir uns also, welche allgemeingültigen Prinzipien im Laufe der Jahrhunderte die kirchlichen Verlautbarungen im Hinblick auf die Bewältigung von sozio-ökonomischen Problemen ins Feld geführt haben.

Die Würde der Person, ihre freie Selbstbestimmung

Zu allererst ist es die Würde und der innere Wert der Person, die es in jeder Situation zu respektieren gilt. Die Person hat das Recht, im Anblick Gottes ihr Lebensziel und ihren Lebenssinn selbst zu bestimmen. Keine Maßnahme, auch nicht die Absicht, jemanden zum Glauben zu bewegen, kann als Grund angeführt werden, diese Selbstbestimmung zu begrenzen. Eugen IV. geißelte in seiner Bulle »Dudum Nostras« vom 13. Januar 1435 die Eroberer der Kanarischen Inseln, daß sie die Einwohner, die, wie er sagte, »in urchristlicher Einfachheit unbekümmert lebten« mit dem Versprechen der Taufe und der darauf folgenden Freiheit abtransportierten und zu Sklaven machten. Der Papst sah in diesem Verfahren zugleich eine Gefahr für die freie Annahme des Glaubens. Er ermahnt die Eroberer und verlangt von ihnen strengstens, »daß sie innerhalb vierzehn Tagen, gerechnet vom Tag der Veröffentlichung dieses Schreibens, an dem Ort, an dem sie sich befinden, die Einwohner der genannten Insel, die, als sie gefangen genommen wurden, Kanarier genannt wurden, und zwar die Einwohner beiderlei Geschlechts, alle und jeden einzelnen, die sie als Sklaven bei sich behalten haben, unverzüglich in Freiheit setzen. Sie sollen sie als Freie ohne Erpressung oder Erhalt von Geld in Freiheit setzen, andernfalls unterliegen sie nach Ablauf der genannten Zeit ipso facto der Exkommunikation, von der sie, außer in Todesgefahr, nur durch den Apostolischen Stuhl oder vom derzeitigen Erzbischof von Sevilla oder vom (genannten) Bischof Ferdinand losgesprochen werden können, und zwar erst nachdem sie die gefangenen Personen mit ihrer Habe in Freiheit gesetzt und ihnen die Güter gänzlich restituiert haben«[2]

Die Selbstbestimmung und die in ihr enthaltene Gewissensfreiheit gehören zum Wesenskern der kirchlichen Soziallehre durch alle Jahrhunderte hindurch. Man wird allerdings hier wohl gleich mit dem Hinweis auf die Zensur und die Inquisition kontern. Aber diese Dinge haben sozialpsychologische Gründe, weil man der Überzeugung war, daß der Abfall vom Glauben eine schwer sündhafte Handlung und zugleich ein Vergehen gegen die Grundnormen der Gesellschaftsordnung darstellte. Für die psychologischen Verwicklun-

gen des Glaubensaktes, vor allem des Bekenntnisses zum Glauben hatte man noch nicht die nötigen Erkenntnisse. Glaubensschwierigkeiten und Glaubenshemmnisse wurden mit Glaubensschwäche in eins gebracht.
In der genannten Selbstbestimmung der Person sind die anderen Prinzipien der katholischen Soziallehre, so vor allem das Subsidiaritätsprinzip und das Recht auf Eigentum grundgelegt. Auch die Forderung nach Mitbestimmung und Partizipation sind darin enthalten. Doch noch nicht in der Weise, wie z. B. das Eigentumsrecht im 19. Jahrhundert von Leo XIII., wie das Subsidiaritätsprinzip von Pius XI. in Quadragesimo anno 1931, das Mitbestimmungsrecht von Johannes XXIII. in Mater et Magistra 1961 und vom II. Vatikanischen Konzil in Gaudium et Spes 1965 formuliert wurden. Gehen wir im einzelnen auf diese wichtige Entwicklung der katholischen Prinzipienlehre ein.

Das Subsidiaritätsprinzip

Das Subsidiaritätsprinzip ist ein typisches Beispiel dafür, daß die Kirche ihre Stellungnahme zu sozialen Fragen zwar mit dem Hinweis auf Prinzipien formuliert, jedoch diese Prinzipien nicht systematisch (normenlogisch) ableitet, sondern sie einfach auf den konkreten Fall anwendet. Systematisch wäre es gewesen, wenn Pius XI. zunächst eine Definition gegeben hätte, die auf alle Gesellschaftsformen paßt, z. B. auf Familie, Staat, Kirche usw., und dann erst im Anschluß daran die verschiedenen Nuancen aufgezeigt hätte, die für die Anwendung der allgemeinen Definition auf einzelne Gesellschaften zu berücksichtigen sind. Er hatte sich aber in seiner Enzyklika Quadragesimo anno mit der gesellschaftlichen Ordnung im modernen, d. h. im pluralistischen Staat zu beschäftigen. Darum bekam die Formulierung des Subsidiaritätsprinzips diese sehr individualistische Prägung. In der Anwendung auf andere Gesellschaften müssen natürlich die für die staatliche Gemeinschaft gültigen Nuancen herausgenommen und durch andere, der jeweiligen Gesellschaft entsprechende Nuancen ersetzt werden. Dieses unsystematische Vorgehen macht naturnotwendig den Eindruck einer Zickzackbewegung, unter Umständen sogar von These und Antithese.

An sich besagt die Selbstbestimmung der Person noch nichts über die konkrete Ordnung von Person und Autorität. Grundsätzlich ist die Person in das Gemeinwohl eingebunden und untersteht darum auch den Weisungen der das Gemeinwohl verwaltenden Autorität. Diese hat allerdings immer – dies gilt absolut – die Selbstbestimmung der Person, d. h. deren Gewissensfreiheit zu respektieren. Wie aber nun konkret das Verhältnis von Individuum und Gemeinschaft, von Einzelnen und Autorität zu regeln ist, diese Frage ist mit der grundätzlichen Anerkennung des Selbstbestimmungsrechts noch nicht gelöst. Der Vater gibt dem Kind kein Selbstbestimmungsrecht, wenn es die Wertordnung der Familie durchbrechen will. Der Staat kann auch nicht zulassen, daß jemand mit der Begründung, sich mit diesem System nicht abfinden zu können, mit nicht verfaßtem Rechtsanspruch, etwa mit Terroraktionen und Revolution, die Systemveränderung anstrebt. Die Selbstbestimmung steht schon grundsätzlich in einem integrativen Ganzen. Daraus ist sie nicht zu lösen, sofern man ebenso grundsätzlich annimmt, daß der Mensch seinem Wesen nach sozial ist. Die Selbstbestimmung steht somit in dem Spannungsverhältnis von Eigenbestimmung und Fremdbestimmung durch die Autorität. Vom Gemeinwohl her gesehen, steht die Frage der Integration der Autorität zu, sofern diese die sittlichen Voraussetzungen des Selbstbestimmungsrechts der Person achtet. Mit dieser Erkenntnis ist man aber noch nicht beim konkreten Fall. Das Problem wäre leicht, und zwar zugunsten der Priorität der Autorität gelöst, wenn diese die Garantie böte, daß sie das Gemeinwohl richtig definiert im Sinn der sittlichen Normen, denen sich die einzelne Person unterzuordnen hat, und ferner, daß sie der Einzelperson auch den nötigen Schutz zu garantieren imstande wäre, innerhalb der Gesamtordnung die Selbstbestimmung ordnungsgemäß zu realisieren. In der Zeit des Orbis catholicus bestand in der Praxis, wenigstens in der Auffassung der damaligen Menschen, keine Schwierigkeit, diese doppelte Bedingung als real anzuerkennen. Die Fürsten waren katholisch. Sie waren mehr oder weniger wirksam dem Oberhaupt der Kirche in sittlichen Dingen unterworfen. In der Monarchie erkannte man die bessere Garantie für die Erhaltung der sittlichen Ordnung und damit auch des sittlichen Selbstbestimmungsrechts des Einzelnen, wie die Bulle Eugens IV. beweist. Für den Gedanken der Demokratisierung, wie wir sie heute auffassen, und ebenso für das Prinzip der Subsidiarität, gemäß welchem soviel Freiheit gewährt werden soll wie möglich und nur soviel Autorität angewandt werden soll wie notwendig, bestand kein Anlaß. Daraus erklärt sich die Zurückhaltung der Kirche bis zu Leo XIII. gegenüber der Demokratie. Erst die Säkularisierung von Moral und Religion mußte daran zweifeln lassen, ob der Staat und mit ihm die staatliche Autorität je in der Lage sein könnte, die tiefsten Anliegen der personalen Selbstbestimmung zu garantieren, oder ob er überhaupt dazu willens wäre. Der Wertpluralismus, zu dem sich der moderne Staat bekennt, muß notwendigerweise seine Autorität begrenzen, so daß nun prinzipiell dem Individuum der Vorrang in der Handlungsordnung zuerkannt werden muß. »Prinzipiell« heißt hier nun nicht »absolut« im Sinn des abstrakt gefaßten und in der Natur des Menschen grundgelegten Selbstbestimmungsrechts, sondern im Sinn einer Grundregel

praktischer Orientierung. Das Prinzip nimmt hier empirische Gestalt an, aber doch eine solche, die wir als universal gültig anerkennen müssen, genauso wie wir den Wertpluralismus als universale Regel supponieren. Daß es sich um eine pragmatische Regel handelt, läßt sich schon daraus erkennen, daß die Kirche diese Vorrangigkeit der Selbstbestimmung, wie sie in der staatlichen Ordnung gilt und gelten muß, nicht übernehmen kann. Gewiß hat auch im Raum der Kirche das Subsidiaritätsprinzip seine Geltung. Es ist aber hierbei auf eine bedeutende Nuance zu achten. In seiner Ansprache an den zweiten Weltkongreß des Laienapostolates vom 5. Oktober 1957 erklärt Pius XII., die kirchliche Autorität möge »das allgemein gültige Prinzip der Subsidiarität und gegenseitigen Ergänzung anwenden. Man möge den Laien die Aufgaben anvertrauen, die sie ebensogut oder selbst besser als der Priester erfüllen können. Sie sollen in den Grenzen ihrer Funktion und denjenigen, die das Gemeinwohl der Kirche ihnen zieht, frei handeln und ihre Verantwortung auf sich nehmen können«[3]. Es ist demnach die kirchliche Autorität selbst, die die Einsicht haben soll, die Aufgaben im Sinn der Selbstbestimmung zu verteilen. Obenan steht also die Autorität. Von ihr wird pädagogisches Geschick erwartet, die Menschen im Sinne ihrer Leistungskraft und ihres Leistungswissens einzusetzen.
Im gleichen pädagogischen Sinn gilt das Subsidiaritätsprinzip in der Familie, besonders in der Erziehung. Es sollte doch keinem Vater einfallen, seine Autorität spürbar werden zu lassen, wo das Kind von sich aus die nötige Disposition zur Verwirklichung der sittlichen Normen und des Familiengeistes aufweist.
Im wertpluralistischen Staat sieht aber die Sache ganz anders aus. Der Staat ist nun inkompetent geworden, das Gemeinwohl in seiner ganzen Dimension zu bestimmen. Ihm ist das pädagogische Geschick abzustreiten, zu wissen, wie der Einzelne mit seiner Selbstbe-

stimmung sein eigenes Leben sinnvoll zu gestalten und seinen Beitrag zum Gemeinwohl zu leisten imstande ist. Die staatliche Autorität besitzt nicht die Erkenntnispotenz zur konkreten Bestimmung des Gemeinwohls, wie etwa die höchste kirchliche Autorität der Kirche die Erkenntniskraft besitzt, das Gemeinwohl ihrer Gesellschaft zu definieren. Die Priorität des Individuums, d. h. also der Selbstbestimmung der Person ist darum im staatlichen Raum nicht etwa nur die Folge eines pädagogischen Prinzips, sondern der rechtlichen Kompetenzverteilung. Dies will besagen: Grundsätzlich (grundsätzlich im besagten pragmatisch, aber universal gültigen Sinn) steht dem Individuum der Vorrang der Entscheidung zu. Dem Staat obliegt nur noch, die äußeren Rahmenbedingungen zu setzen, unter denen es nicht nur einem Einzelnen, sondern allen möglich wird, die personalen Anlagen zu entfalten und ihre materiellen, kulturellen und religiösen Aufgaben in Selbstbestimmung zu verwirklichen. Dies klingt ganz anders, als wenn man an eine irgendwie pädagogische Einsicht appelliert, gemäß welcher der Staat die Einzelnen handeln lassen soll. Und selbst in der Schaffung der äußeren Bedingungen für solche Eigentätigkeit, ist der Staat begrenzt, da ihm bestimmte Gemeinschaften vorgeordnet sind, so die Familie und die Kirche. In diesem Sinn erklären sich die Worte Pius XII. in der Rundfunkbotschaft vom 24. Dezember 1942: »Die vom Glauben erleuchtete Vernunft weist der Einzelpersönlichkeit und den Einzelgliederungen der Gemeinschaft innerhalb der Gesamtheit einen festen und würdigen Platz an. Sie weiß – um nur das Wichtigste namhaft zu machen –, daß alle Tätigkeit des Staates, politische wie wirtschaftliche, der dauernden Verwirklichung des Gemeinwohls dient, d. h. jenen äußeren Bedingungen, die der Gesamtheit der Staatsbürger notwendig sind zur Entfaltung ihrer Anlagen und Aufgaben, ihres materiellen, kulturellen und religiösen Lebens, soweit hierfür die erstberufenen Kräfte und Betätigungen der Familie und anderer Gliederungen nicht ausreichen und soweit nicht der Heilswille Gottes in der Kirche eine andere umfassende Gemeinschaft zum Dienst an der menschlichen Persönlichkeit und ihren religiösen Zielen bestimmt hat.«[4].

Die Eigeninitiative in der Wirtschaft

Damit ist bereits eine Grundsatzentscheidung für die Wirtschaft gefallen: Die Eigeninitiative des Individuums, nicht nur in der Bestimmung des Konsums, sondern auch und gerade der Produktion. Vervielfältigt man diese von der staatlichen Autorität nicht begutachtete und von ihr nicht bemessene Eigeninitiative des Individuums in eine Vielzahl von Entscheidungsträgern, dann bleibt als Begutachter der Eigenleistung nur die Gesamtheit der Gesellschaftsglieder, die sich im Austausch, d. h. auf dem Markt begegnen. Impliziert ist hierbei auch das Eigentumsrecht einschließlich der Dispositionsgewalt über das Eigentum, weil sonst die Eigeninitiative als Selbstbestimmung im leeren Raum stünde. Schon von hier aus wird ersichtlich, daß das Eigentumsrecht kein absolutes Recht im Sinn einer metaphysisch nachweisbaren Norm sein kann. Es steht auf der gleichen Ebene wie das Subsidiaritätsprinzip im strikten Sinn, als ein Recht in einer wertpluralistischen Gesellschaft. Dies ist allerdings nicht die einzige Begründung des Eigentumsrechts. Es gibt noch eine viel tiefer greifende, von der sogleich die Rede sein soll. Immerhin ist zu beachten, daß es nicht nur *einen* Zugang zum Recht auf individuelles Eigentum gibt. Das aus dem Subsidiaritätsprinzip abgeleitete Eigentumsrecht als Ordnungsprinzip der Wirtschaft kann zwar ebenfalls nur ein pragmatisch begründetes Recht sein, hat aber nichtsdestoweniger Allgemeingültigkeit wie die wertpluralistische Gesellschaft selbst.

Das Eigentumsrecht in seiner unmittelbaren Begründung

Die Eigentumslehre steht auf europäischem Boden im Spannungsfeld von zwei Extremen, der liberalen Auffassung, geboren aus dem rationalistischen Naturrecht als eines originären Rechts des Individuums, und der Negation des Eigentumsrechts durch den Sozialismus als einer Lehre der totalen Integration des Individuums in die Gesellschaft. Den liberalen Gedanken hat wohl Locke in der extremsten Weise formuliert, indem er das Eigentumsrecht als das Recht der Person auf Besitz des eigenen Selbst definierte. Den sozialistischen Begriff hat Marx am schärfsten zum Ausdruck gebracht, indem er das Eigentum als Diebstahl bezeichnete. Die offiziellen kirchlichen Verlautbarungen bewegen sich zwischen diesen Extremen. In der Formulierung haben sie sich verständlicherweise teilweise der liberalen Formulierung bedient, jedoch mit scharfer Abgrenzung gegen den Liberalismus, indem sie, so vorab Leo XIII., die soziale Belastung des Eigentumsrechts unterstrichen. Die sozialistische Formulierung hat nie Eingang in die kirchlichen Verlautbarungen gefunden. Dagegen wurde ein Grundgedanke des Sozialismus, nämlich die Integration allen Besitzes ins Gemeinwohl, in religiöser Umprägung berücksichtigt, nämlich die grundsätzliche Ausrichtung aller Güter auf die gesamte Menschheit aufgrund des Schöpferwillens. In neuerer Zeit, namentlich in Populorum progressio wird, da die gerechte Verteilung der Erdengüter im Blickfeld steht, mehr dieser zweite, universale Gedanke unterstrichen, wobei naturgemäß der andere, mehr liberale Gesichtspunkt, der Leo XIII. im Hinblick auf die Abwehr gegen den Sozialismus vordringlich schien, so stark zurücktrat, daß man glauben möchte, er habe keine Geltung mehr. Seit dem 2. Weltkrieg, vor allem seit die Entwicklungsländer sich mit ihren Ansprüchen melden, hat man wenig Sympathie für die Formulierung Leo XIII. gefunden. Tatsächlich macht sie stark den Eindruck liberaler Abhängigkeit. Doktrinär ist Leo sicher kein Liberaler. Die grundsätzliche Einordnung der Güterwelt in die gottgewollte Finalität der ganzen Menschheit, von der bei Leo die Rede ist, ist sicher nicht liberal.

Allerdings hat die liberale Wirtschaftsauffassung ebenfalls einen religiösen Hintergrund. Nach Adam Smith ist die Welt, vorab das Streben des Menschen, von Gott so eingerichtet worden, daß, wenn alle ihr Eigenwohl suchen, die gottgewollte Ordnung zustandekommt. Bei Leo XIII. findet sich dieser aus der sensualistischen Sozialethik stammende Gedanke nicht. Er ist Metaphysiker. Er sieht die Finalität in der abstrakten, aber durchaus real gültigen Natur der Güter und des Menschen. Der Mensch hat diese Finalität als Auftrag zur Erfüllung erhalten. Sie ist nicht einfach als Mechanismus in das Streben der Menschen eingebaut worden. Dies hintert natürlich nicht, daß der Mensch im Bemühen um eine Ordnung, gewisse natürliche Strebungen als Mechanismen einsetzt, doch immer unter der Voraussetzung, daß er vorher sich über die Verantwortbarkeit Rechenschaft gegeben hat. Als Norm dieser Verantwortbarkeit hat eine, wenn auch nur allgemein und im Sinn kritischer sozialpolitischer Überlegungen formulierte Gemeinwohlkonzeption zu gelten. Trotz der liberalen Einflüsse auf die Formulierung des Eigentumsrechts bei Leo XIII. – sie gehen aus von der rationalistischen Naturrechtslehre Christian Wolffs und nehmen den Weg über Luigi Taparelli –, kann man den Verfasser von Rerum novarum nicht als liberal abtun. Liberal klingt es zwar, wenn Leo sagt, daß der Mensch, das, was er erarbeitet hat, als sein Eigentum betrachten könne. Denn von der Moral, und zwar nicht nur von der Individual-, sondern auch von der Sozialmoral her – im Ursprung sind beide eins – betrachtet, hat der Mensch zunächst an seine Aufgaben zu denken, zu denen ihn Gott berufen und wozu er ihm die Talente geschenkt hat, also nicht an sich, sondern an den Dienst, an die sowohl individuellen wie sozialen Werte, die er mit seinen Talenten und Anstrengungen zu schaffen vermag. Unter diese Norm fällt auch der Gebrauch der materiellen Güter. Darum wird in der gesamten Patristik die Forderung erhoben, die Güter sollten allen Menschen zur Verfügung stehen. Am schärfsten hat dies wohl Basilius betont, wenn er die Kette vom augenblicklichen Eigentumsanspruch eines Individuums verfolgt bis zu dem, der die Güter sich anfänglich angeeignet hat. Er meint von diesem, er habe sein Eigentum aus Diebstahl. Die Urgemeinde von Jerusalem hat aus dieser moralischen Schauweise heraus das Ideal des Kommunismus zu verwirklichen gesucht. Die Scholastik, und zwar als erster Thomas von Aquin, hat sich mit dieser Finalität und ihrer möglichen oder unmöglichen direkten Übertragung in die soziale Wirklichkeit näherhin beschäftigt. Thomas schließt nun nicht auf die Notwendigkeit kommunistischer Organisation, sondern erklärt einfach negativ, die Güter seien ursprünglich nicht mit dem Eigenrecht gekennzeichnet. Die Kommentatoren haben diesen Sachverhalt im Gegensatz zum »geforderten« Kommunismus als »negativen« Kommunismus bezeichnet. Dies will besagen, es sei gemäß der Finalität der Güter nicht ausgemacht, ob man Kommunismus oder Privateigentum einführen soll. Der Mensch muß also, wie Thomas sagt, rational überlegen, in welcher Verteilungsform er im Sinn der gottgewollten Finalität die Güterwelt am besten ordnet. Mittels vernünftiger Überlegung muß er im Hinblick auf die sehr verschiedenen Strebungen, die verschiedenen Leistungsimpulse, die verschiedenen Aufgaben individueller wie sozialer Natur zur Schlußfolgerung gelangen, daß einzig die private Eigentumsordnung die Güterwelt ihrem gottgewollten Ziel zuführen kann. Thomas benützt hierbei als Medium demonstrationis ein empirisch feststellbares Faktum, dem er universalen Charakter zuschreibt, die Tatsache, daß der Mensch immer und überall das Eigenwohl besser und leichter besorgt, also mit Hilfe der individuell besessenen Güter sicherer und produktiver die Werte schafft, zu denen er berufen ist. Daß diese empirische Erkenntnis universalen Charakter besitzt, ist mit soziologischer Erhebung nicht auszumachen. Es handelt sich um eine empirische Erkenntnis, die jeder mit sich selbst zu machen imstande ist, also um eine Erkenntnis aus unserem Innern. Die moderne Wissenschaftstheorie will allerdings solche Erkenntnisse nicht als universal anerkennen. Es handelt sich aber hierbei um nichts anderes als um unser moralisches Bewußtsein. Warum sollen wir dieses als Beweismittel ausschließen, wo selbst die Kantsche Moralphilosophie darauf aufbaut, denn sonst könnte sie nicht behaupten, zur Moral gehöre ein absoluter Imperativ? Auch diese Erkenntnis stammt aus unserem moralischen Bewußtsein. Wie wir bei einem Menschen, wenn wir ihn als rationales Wesen ansprechen wollen, voraussetzen, daß er wie wir im Bereich der theoretischen Erkenntnis annimmt, daß Sein nicht Nicht-Sein sein kann, ebenso setzen wir von einem moralischen Menschen voraus, daß er genau so wie wir anerkenne, daß es eine absolute Pflicht gibt. Jede Philosophie, die nicht einfach individuelle Imagination sein, sondern allgemeingültige Gedanken vortragen will, kommt ohne den ursprünglichen empirischen Ansatz nicht aus. Wenn der Marxismus behauptet, daß das vordringliche Streben nach Eigenwohl eine Folge des Kapitalismus, also der Institution des Eigentums sei, dann setzt er sich über eine ureigene Eigenschaft des praktischen Bewußtseins des Menschen hinweg. Außerdem ist er auch soziologisch-empirisch, wenigstens bis heute, widerlegt, da in allen kommunistisch organisierten Gesellschaften bis heute der Mensch vom Erststreben nach Eigenwohl nicht abgekommen ist. Das

Ideal kommunistischen Denkens ist nur in familiären kleineren Gemeinschaften durchführbar und dort nur mit deutlich spürbarer Hemmung. Dabei spielt die Abwehr gegen die Umwelt eine beachtliche Rolle. Die Kibbuzzim sind nur in einer völlig andersgearteten Umwelt verständlich. Der ideale Kommunismus der religiösen Gemeinschaften ist nur begreifbar in einer Gesellschaft, die im falschen Verständnis ihres privaten Besitzes die Mitwelt vergessen hat. Durch die Erbsündelehre wird die empirische Erkenntnis von der Schwerlastigkeit des Strebens nach Eigenwohl zusätzlich unterstützt.

Über die thomistischen Überlegungen hinweg scheint aber Leo XIII. einen noch tiefer lotenden Gedanken bei seiner Eigentumslehre zugrundezulegen. Jeder Mensch hat seine personalen Aufgaben für sich selbst im Hinblick auf seine ewige Berufung und im Hinblick auf seine natürlich-soziale Funktion etwa als Familienvater. Da er in dieser Eigenschaft sich selbst gegenüber verantwortlich ist, muß er auch den Gebrauch der Güter, die er in der Verfolgung seiner Aufgaben benützt, selbst bestimmen können. Darum gehört das, was er erarbeitet, zunächst ihm selbst. Allerdings kann es sich dabei nicht einfach nur um ein Besitzrecht handeln, sondern muß die Pflicht mitgedacht werden, daß dieses Recht eine soziale Funktion zu erfüllen hat. Darum der Hinweis Leo XIII. auf die von jeher im christlichen Raum gehaltene Lehre, daß die im Eigenbesitz gehaltenen Güter sozial belastet sind. Doch spielt auch in dieser apriorisch erscheinenden naturrechtlichen Sicht eine empirische Erkenntnis mit: daß nämlich nicht der Staat, sondern der Einzelne die sittlichen Aufgaben zu erkennen imstande ist, zu denen er in der Gesellschaft berufen ist. Aber an der Universalität auch dieser empirischen Erkenntnis wird niemand zweifeln können.

Leo XIII. konnte also mit Fug erklären, daß der Mensch von Natur ein Recht auf Eigentum hat, und zwar nicht etwa nur in dem Sinn, daß »alle« Menschen ein solches Recht besitzen. Mit einer solchen Formulierung des individuellen Eigentumsrechts wäre nichts ausgesagt. Vielmehr handelt es sich nach Leo um den einzelnen Menschen unter gewissem Ausschluß der andern, der erklären kann, er habe einen rechtlichen Anspruch auf das von ihm oder seinen Vorfahren Erarbeitete und – wie Pius XI. in der Enzyklika Quadragesimo anno im Hinblick auf die nach Rerum novarum entstandene Diskussion über die Arbeit als erstem Erwerbstitel verdeutlichend sagt – von ihm ursprünglich in Besitz Genommene.

Es wäre ein grobes Mißverständnis, wollte man die kirchlichen Verlautbarungen bezüglich des Eigentumsrechts nur im Sinn des freien Konsums verstehen. Gewiß ist vom Gebrauch der Güter im Hinblick auf die persönliche Bedarfsdeckung die Rede. Es ist aber dabei impliziert, daß der Mensch seine freien Konsumwünsche an die Produzenten weitergibt. In einer arbeitsteiligen Gesellschaft kann dies nur auf dem Markt geschehen. Und Markt gibt es nur auf der Basis von Privateigentum, worauf hier nicht näher einzugehen ist. Die kirchlichen Verlautbarungen haben darum das Eigentum auf Produktivgüter immer in ihre Argumentation eingeschlossen.

Das private Eigentumsrecht ist in ganz eigenem Sinn ein subjektives Recht. Es ist ein subjektives Recht wie ähnlich das Recht auf Existenz ein solches ist. Das Recht auf Existenz ist nicht etwa nur ein vages Recht aller, wobei man noch nicht weiß, ob es sich um ein negativkommunistisches Recht handelt, gemäß dem keiner einen bestimmten Anspruch stellen kann, ohne sein Recht in Verhältnis zu setzen mit dem Recht der andern, wie dies z. B. beim Recht auf Arbeit der Fall ist. Das Recht auf Arbeit ist ein Anspruch an eine Wirtschaftspolitik mit Vollbeschäftigung. Der Einzelne kann nicht für seine Person einen Arbeitsplatz fordern.

Dagegen hat jeder ein Anrecht auf seine Existenz, die er bereits besitzt. In gleicher oder ähnlicher Weise hat jeder ein Anrecht, das von ihm Erarbeitete als sein Eigentum unter Ausschluß des andern zu betrachten. Dies hindert nicht, daß er das Eigentum als soziale Verpflichtung aufzufassen hat, wie überhaupt jeder seine eigene Existenz nicht von der Verflochtenheit mit der Gesellschaft lösen darf.

Der Vollständigkeit halber muß, um ein Mißverständnis abzuriegeln, gesagt werden, daß es an sich kein einziges Menschenrecht ohne soziale Komponente und damit ohne soziale Begrenzung gibt. Nur ist diese Begrenzung jeweils sehr verschieden. Sie ist am geringsten beim Recht auf Existenz, d. h. auf Leben, sie ist bereits stärker beim Recht auf Eigentum. Am stärksten ist sie bei den sonst gemeiniglich aufgezählten sozialen Rechten wie beim bereits erwähnten Recht auf Arbeit, dem Recht auf Bildung usw. Daß selbst ein primitives Recht wie das auf Existenz sozial begrenzt ist, erweist sich z. B. aus dem allgemeinen Werturteil, das in der tragischen Geschichte von Aldo Moro gefällt wurde. Um den Staat in seiner Integrität nicht in Gefahr zu bringen, wurden Terroristen nicht gegen Moro ausgetauscht.

In erster Linie war der Grund dieser Entscheidung nicht die Eventualität, daß mit der Freigabe von Terroristen anderes Menschenleben in Gefahr gebracht werden könnte. Gegen diese Gefahr hätte das Recht auf Existenz, das Moro zustand, unter Umständen nicht zurückgesetzt werden dürfen. Vielmehr war der Gedanke vordringlich, daß durch Verhandlungen mit den Mördern der Staat seine Gegner als rechtliche Partner anerkannt und somit sich selbst in seiner Souveränität gefährdet hätte. Die gleiche Wertabwägung lag der Entscheidung im Fall der Entführung Schleyers zugrunde. Als die Familie Schleyers sich mit dem Hinweis auf das Recht auf Leben an das Bundesgericht wandte, erklärte dieses, der Staat müsse hier eine Abwägung der Interessen vornehmen. Man supponierte dabei, daß das Existenzrecht des Staates dem Existenzrecht des Einzelnen vorgezogen werden kann.

Von diesen Gedanken her dürfte es nicht übertrieben sein, wenn man sagt, das Privateigentum sei naturrechtlicher Art, insofern die privatrechtliche Ordnung der Güterwelt die einzige ist, die der universal gültigen Forderung entspricht, eine gerechte Ordnung in der Gesellschaft zu erstellen, die den Sinn der Güterwelt erfüllt.

Zu dieser Norm zurückzukehren, falls sie bereits durchbrochen worden wäre, ist Pflicht. Die private Eigentumsordnung ist darum nicht etwa nur eine gewöhnliche pragmatische Einrichtung von vorübergehendem Wert. Sie ist ein Wert für die gesamte Gesellschaft, für die ganze Menschheit, für alle Zeiten, gewiß kein Wert in sich, aber immerhin ein Organisationswert, der Garant für die Schaffung persönlicher Werte, ohne die die Gesellschaft keine Kulturgemeinschaft mehr wäre.

Keine Philosophie der Welt hat sich so intensiv und so realistisch mit der Frage der Wirtschaftsordnung befaßt wie die europäische, und keine hat die Bedeutung der privaten Eigentumsordnung so grundsätzlich erkannt wie die europäische. Der Grund hierfür war die hohe Wertschätzung, die man der menschlichen Person zollte, und das bereits zu Zeiten, da man an eine Demokratisierung der Gesellschaft bei weitem noch nicht dachte.

Die Rettung der Person und ihrer eigenen transzendenten Berufung in einer mit vielen Mängeln behafteten und zum Teil sündhaften Welt war das Grundanliegen der europäischen Eigentumsphilosophie. Das hat vorab Marx eingesehen, weshalb sein erstes Anliegen war, den Gedanken von der ewigen Berufung des Menschen zu zerstören.

Mit dieser zentralen Bedeutung des Privateigentums im

Gesamtbild der Güterordnung ist von selbst die Marktwirtschaft gegeben. Wenn darum die europäische Gesellschaft ihre Produktivität, ihre kulturellen Impulse bewahren will, dann muß sie an der Marktwirtschaft festhalten, besser gesagt, zu ihr zurückkehren, um sie neu zu festigen.

Anmerkungen

[1] Vgl. A. F. Utz – B. von Gahlen (Hrsg.) Die katholische Sozialdoktrin in ihrer geschichtlichen Entfaltung. Eine Sammlung päpstlicher Dokumente vom 15. Jahrhundert bis in die Gegenwart (Originaltexte mit Übersetzung), zweites Buch, Aachen 1976, S. 1539.

[2] Ebda, S. 401.

[3] A. F. Utz – J. F. Groner (Hrsg.), Aufbau und Entfaltung des gesellschaftlichen Lebens. Soziale Summe Pius XII., Freiburg, Schweiz, III. Band (1961), Nr. 5992.

[4] Ebda, I. Band (2. Aufl. 1954), Nr. 231.

Joseph Höffner

Um die Zukunft Europas

Die Antwort des Glaubens auf Säkularismus und Atheismus

Die in der Europäischen Gemeinschaft zusammengeschlossenen Völker werden im nächsten Jahr ein europäisches Parlament wählen. Damit wird eine weitere Stufe auf dem Wege zur politischen Einigung Europas erreicht. Neben der weit vorangetriebenen wirtschaftlichen Integration und der in Ansätzen erkennbaren sozialen Integration wächst der Wille, gemeinsam zu handeln und gemeinsam die Zukunft zu gestalten. Allerdings: der wirtschaftliche Austausch, der soziale Ausgleich und die übergreifenden politischen Institutionen werden auf die Dauer nur lebensfähig sein, wenn sich die Völker und Nationen auf ihr gemeinsames geistig-kulturelles Fundament besinnen, wenn Europa seine Kraft aus jenen Wertgrundlagen schöpft, die zwar im Laufe einer langen Geschichte häufig verdunkelt und verschüttet wurden, die aber trotz der zahlreichen Streitigkeiten und Kriege, trotz der Eifersüchteleien und Gegensätze, trotz aller Theorien und Ideologien die Seele Europas geprägt haben und die auch heute und morgen eine Hoffnung für die ganze Welt sein können. Die Seele Europas ist von vielen geistigen Einflüssen mitgeformt worden, von den Werten, die die griechischen, die römischen, die keltischen, die germanischen und die slawischen Völker eingebracht haben. Wenn wir aber von einem gemeinsamen Erbe, das uns Auftrag und Verpflichtung ist, sprechen, ist es vor allem der christliche Glaube, der über alle Unterschiede und Grenzen hinweg als einheitsstiftende Kraft gewirkt hat. Drei Fragen drängen sich auf: Was hat der christliche

Glaube Europa geschenkt? Warum gefährdet der moderne Säkularismus und Atheismus nicht nur die religiös-sittliche, sondern auch die politische Einheit? Welche Aufgaben erwachsen den Christen für Europa?

I. Teil: Was hat der christliche Glaube Europa geschenkt?

Der Glaube an Jesus Christus als den Mensch gewordenen Sohn Gottes hat den Menschen und Völkern Europas eine einleuchtende und überzeugende Antwort gegeben auf die bewegende Frage nach dem Sinn des Daseins. Der Mensch ist nicht Produkt biologischer, physikalischer und chemischer Prozesse. Er ist Geschöpf Gottes, dazu berufen, diese Welt zu gestalten. Er hat eine ewige Bestimmung über den irdischen Tod hinaus. Dem Menschen, der in seinem Ursprung und in seinem Ziel über sich hinausweist und der diese transzendente Dimension in der Frage nach dem Sinn des Lebens existentiell erfährt, eröffnet der christliche Glaube eine Weltsicht, die ihn aus allen innerweltlichen Verkrampfungen befreit und ihm Hoffnung auf Zukunft schenkt. Sie bewahrt ihn davor, sich in einer falschen Selbstherrlichkeit zu überschätzen und sich als Herrn der Geschichte, als Herrn über Leben und Tod aufzuspielen. Sie wehrt aber zugleich aller Resignation, die den Menschen angesichts seiner Endlichkeit überfallen könnte. Der Glaube gibt ihm jene Geborgenheit und Zuversicht, die ihn das scheinbare Ausgeliefertsein an die Mächte der Natur oder an gesellschaftliche und politische Verhältnisse bewältigen läßt. Man hat mit Recht gesagt, daß die transzendente Verankerung des Menschen wie sie ihm der Glaube offenbart, sozusagen die Bedingung der bürgerlichen und der menschlichen Freiheiten ist. Glaube und Politik sind keine Gegensät-

ze. Ohne den Glauben steht die Politik ständig in der Gefahr, ihre eigenen Voraussetzungen zu mißachten und einen Absolutheitsanspruch zu erheben, der ihr nicht zukommt.
Die Weltsicht, die der christliche Glaube bewirkt, verdichtet sich im Menschenverständnis, das für die gesellschaftliche und politische Gestaltung Europas entscheidende Bedeutung hat. Die Geschichte der Völker und Ideen zeigt uns, welche Irrwege und Umwege die Menschen gegangen sind bei der Suche nach einer Antwort auf die Frage, was der Mensch ist. Zum Kostbarsten, was das christlich geprägte Europa der Menschheit geschenkt hat, gehört das Wissen um die Einmaligkeit jedes Menschen als Person und Ebenbild Gottes. Wert und Würde des Menschen sind nicht das Ergebnis eines historischen Optimierungsprozesses oder einer politischen Übereinkunft, sie sind ihm unmittelbar von Gott verliehen und deshalb unantastbar. Gewiß erforderte es viel denkerische Kraft, bis sich diese Einsicht allgemein durchsetzte und auch rechtlich, gesellschaftlich und politisch Gestalt annahm. Es dauerte selbst in der Kirche lange, bis aus diesem Menschenverständnis die Konsequenzen im Hinblick auf die religiöse Freiheit und die Toleranz gezogen wurden. Aber es ist nicht von der Hand zu weisen, daß dieses Menschenverständnis die christliche Menschenrechtstradition herausgebildet hat, die in den neuzeitlichen Verfassungen und in den Menschenrechtserklärungen der UNO und des Europarates ihren Niederschlag fand. Entscheidend ist nämlich das Bewußtsein um die Unantastbarkeit der Würde und Freiheit jedes Menschen. Die Menschenrechte hängen nicht von den Launen der Geschichte, vom Wohlwollen der Regierenden oder von der Anerkennung durch die Gesellschaft ab. Der Beitrag der christlichen Philosophie und Theologie bei der Ermittlung dessen, was Person ist, ist kaum zu überschätzen. Dieses Menschenverständnis beinhaltet zu-

gleich auch das Gesellschaftsverständnis. Es war immer eine große Versuchung, nicht vom Menschen als Person, sondern von einem Kollektiv auszugehen. Sowohl in der Antike als auch in der Moderne gab und gibt es kollektive Denkansätze, die der Würde des Menschen nicht gerecht werden. Sie sind unvereinbar mit dem christlichen Menschenverständnis.

Weil der Mensch Person ist, verfügt er über eine ursprüngliche Freiheit. Er ist verantwortlich für die Gestaltung des persönlichen und des gesellschaftlich-kulturellen Lebens. Das Alte Testament und erst recht das Evangelium durchzieht der Gedanke, daß Gott den Menschen als freies Wesen erschaffen hat. Deshalb ist der Mensch in seinem Tun und Lassen vor Gott verantwortlich. Er ragt zwar in die nicht-geistige Natur hinein, und er lebt in vielfältiger gesellschaftlicher Abhängigkeit und Verbundenheit. Aber in seinem innersten Kern ist er nicht vorprogrammiert, nicht determiniert, weder von Naturgesetzen noch vom sozialen Milieu. Die Möglichkeit, sicherlich auch die Last der Verantwortung, sich entscheiden zu können und zu müssen, gehören zur Würde des Menschen. Eine Gesellschaft und ein Staat, auch eine Kirche, die diese Freiheit gering achteten und den Menschen bevormunden, gleichsam für ihn handeln möchten, wären falsch gelagert. Man hat der Kirche vorgehalten, sie versuche die Menschen zu gängeln. Ohne zu verschweigen, daß auch kirchliche Instanzen hier nicht immer dem Glauben gemäß vorgegangen sind, bleibt doch festzuhalten, daß die kirchliche Lehre und auch die theologische Wissenschaft an der Gewissensfreiheit niemals gerüttelt haben.

Freiheit darf allerdings nicht mit Beliebigkeit verwechselt werden, als ob der Mensch schalten und walten könnte, ohne für sein Tun Verantwortung zu tragen. Daß die Freiheit dem Sein gegenüber verantwortlich ist, daß dem Recht die Pflicht entspricht, diese Einsicht hat der christliche Glaube gefördert, weil der Mensch nicht nur vor der Geschichte oder vor seinem Volk oder vor der Menschheit, sondern vor Gott Rechenschaft abzulegen hat.

Weil jeder Mensch ohne Rücksicht auf seine Herkunft, auf sein Geschlecht, auf seine Rasse, auf seine Sprache, auf seine Intelligenz, auf sein Leistungsvermögen, auf seine Gesundheit, auf seine moralische Stärke, auf seine berufliche oder gesellschaftliche Position Person und Ebenbild Gottes ist, eignet allen Menschen eine ursprüngliche Gleichheit. Wie könnte diese Gleichheit großartiger begründet werden als in den Aussagen des Evangeliums, daß Gott der Vater aller Menschen ist, daß alle Menschen vor Gott gleich sind, daß es vor Gott kein Ansehen der Person gibt, daß der Sohn Gottes durch seine Menschwerdung unser aller Bruder geworden ist. Gleichheit bedeutet nicht Gleichmacherei, Einebnung der Unterschiede zwischen den Menschen, aber sie fordert das Geltenlassen und dieselbe Hochachtung vor jedem, der Menschenantlitz trägt, auch vor dem, der nicht so viel leisten kann, vor dem, der körperlich oder geistig behindert ist, auch vor dem, der anders denkt wie ich, nicht zuletzt vor dem, der seine Freiheit mißbraucht und seine Verantwortung nicht wahrnimmt. Mit dieser Auffassung vom Menschen verträgt es sich nicht, den Mitmenschen nach Nützlichkeits- oder Zweckmäßigkeitskriterien einzustufen. Die heute allgemein anerkannte Rechtsgleichheit der Menschen kann nicht darüber hinwegtäuschen, daß unser Verhalten, unser Einschätzen des Nebenmenschen und unser Tun oft nicht dem entsprechen, was der Glaube von uns verlangt.

In besonderer Weise hat der christliche Glaube der *europäischen Seele* die Solidarität aller Menschen, die Nächstenliebe und die Mitverantwortung füreinander eingepflanzt. Die engen Schranken einer bloßen Bluts- oder Gesinnungsgemeinschaft wurden radikal durch-

brochen. Die soziale Botschaft, daß der Mensch eine gesellschaftliche Natur hat und deshalb ein Ohnemich-Standpunkt ebenso unzulässig ist wie ein Freund-Feind-Denken, wird vom Glauben inspiriert, der uns lehrt, daß alle Menschen Kinder des einen Vaters und Brüder und Schwestern des einen Erlösers Jesus Christus sind. Weder Kollektivismus, noch Individualismus und Egoismus sind mit der christlich verstandenen Solidarität und mit der Nächstenliebe vereinbar. Man mag der Kirche, die ja aus sündigen Menschen besteht, vorhalten, sie habe oft versagt, aber man darf nicht übersehen, wie sehr das christliche Europa um Institutionen besorgt war, die diese Solidarität verkörperten, wie sehr sich die Christen vom Glauben her herausgefordert wußten, dem Nächsten zu helfen, wie sehr die Kirche von ihrem Beginn an betrebt war, durch Werke der Barmherzigkeit und der Nächstenliebe, durch die Sorge und Pflege der Kranken und Behinderten die Gesellschaft menschenwürdig mitzugestalten.
Zur christlichen Gestalt Europas gehört auch das Wissen um das sittliche Versagenkönnen der Menschen und der von ihnen getragenen Institutionen, um Schuld, Sühne und Erlösungsbedürftigkeit. Der christliche Glaube erlaubt es nicht, den Schuldigen aus der Gemeinschaft auszustoßen und ihn zu brandmarken, aber ebenso wenig die Schuld wegzurationalisieren und in eine bloße soziale Regelwidrigkeit umzudeuten. Vielmehr nimmt er den Menschen ernst und öffnet die Wege zur Umkehr, zur Vergebung und Versöhnung. Dies bedeutet keineswegs Gleichgültigkeit gegenüber dem Unrecht, ein Sich-Abfinden mit der Bosheit und Gewalttätigkeit. Aber aus der bloßen Wahrung des Rechts und der Bestrafung des Schuldigen erwächst noch nicht die Kraft zu neuer Friedensstiftung, die den Willen und die Bereitschaft zur Vergebung und Versöhnung voraussetzt.

Noch ein letzter Hinweis sei angeführt: Der christliche

Glaube hat entscheidend dazu beigetragen, daß in Europa ein neues Verständnis und ein neues Ethos der Arbeit entstehen konnte. Arbeit galt nicht mehr wie in der Antike als Frondienst, den die Sklaven verrichteten, sondern als Mittel, wodurch der Mensch für sich und die Seinen den Unterhalt verdient, wodurch er seine personalen Fähigkeiten entfaltet und die Welt gestaltet, wodurch er Gott den Schöpfer aller Dinge verherrlicht. Das »ora et labora« des hl. Benedikt war die Grundregel der abendländischen Kultur, die den Menschen davor bewahrte, einerseits in seiner Arbeit aufzugehen und zu vergessen, daß er nicht lebt, um zu arbeiten, sondern arbeitet, um menschenwürdig zu leben, andererseits einer falschen Weltabgewandtheit zu huldigen. Wäre dieser Gleichklang erhalten geblieben, würden wir mit manchen Problemen, die uns heute die sogenannte Leistungsgesellschaft aufgibt, besser zurechtkommen.
Das geistige Fundament Europas, von dem nur einige Linien aufgezeigt werden konnten, ist heute gefährdet. In einem zweiten Teil soll deshalb jenen Entwicklungen und Bewegungen nachgegangen werden, die zum modernen Säkularismus und Atheismus geführt haben.

II. Teil: Die Gefährdung des Glaubens durch Säkularismus und Atheismus

Das Wissen um die gottgegebene Würde des Menschen ist der Wurzelgrund der europäischen Kultur. Auf diesem Boden sind seit dem Mittelalter auch jene freiheitlichen Institutionen entstanden, ohne die das Entstehen der modernen, von Technik und Industrie geprägten Zivilisation nicht möglich gewesen wäre[1]. Auf der anderen Seite hat Europa seit Beginn der Neuzeit einen tiefgreifenden Wandlungsprozeß durchgemacht, der zur Schwächung des christlichen Glaubens und der von ihm bezeugten Einsichten in das Wesen des Menschen geführt hat. Welches waren die Triebkräfte, die den heute weit verbreiteten Säkularismus und Atheismus heraufbeschworen haben?

Fünf Grundzüge treten hervor.

An erster Stelle ist das Umsichgreifen des *naturwissenschaftlich-hypothetischen* Denkens zu nennen. Die Technik beruht auf der Anwendung der Erkenntisse der exakten Naturwissenschaften. Für sie genügt es nicht, zu sehen, um zu erkennen. Vielmehr wird davon ausgeangen, daß gerade der Schein der Sinne sich als trügerisch erweisen könne. Die Bedeutung von Kopernikus lag nicht allein in der Revolution des damaligen Weltverständnisses, daß sich die Sonne nicht um die Erde, sondern die Erde um die Sonne bewegt, sondern auch in der neuen Methode. Mit ihm begann die Erschließung des Universums durch das »cogitare«, das rechnende Denken. Dieses rechnende Denken herrscht heute nicht nur in den technischen Disziplinen, es hat sich weithin auch der Human- und Sozialwissenschaften bemächtigt. Es hat den Geist der Machbarkeit und des beliebigen Verfügens hervorgebracht, ja es wurde geradezu zum Bestandteil unserer »hypothetischen Zivilisation«[2]. Hypothesen gelten so lange, bis sie widerlegt werden. Die Frage lautet nicht mehr: »Was ist das?«, sondern »Wie funktioniert es?« Alles, auch humane Werte und Bezüge, erscheinen nunmehr als wissenschaftlich definierbar, dem Experiment unterwerfbar und herstellbar zu sein.
Vor dem Hintergrund eines solchen Wissenschaftsverständnisses könnte es, so möchte man meinen, überhaupt nicht zu einem Konflikt mit dem Anspruch des Glaubens kommen, der ja grundsätzlich anders gelagert

ist[3]. Dennoch bahnte sich eine Kluft zwischen Glaube und Wissenschaft, eine Trennung zwischen Glaube und Leben an. Während das Leben als der wissenschaftlichen Erkenntnis und Nachprüfung zugänglich galt, wurde der Glaube des Einzelnen wie auch der Kirche außerhalb dieser Sphäre angesiedelt. Der Glaube erscheint vielen als eine private Lehre oder Ideologie, als ein Mittel zur persönlichen Selbstfindung ohne gesellschaftliche Bedeutung. Unter diesen Umständen ist jeder denkende Christ, insbesondere auch der Wissenschaftler, gleichsam einer Bewußtseinsspaltung ausgesetzt, weil ihm zugemutet wird, einerseits sich zweckrational zu verhalten, andererseits »existentiell«, aber theoriefremd zu glauben.
Zugleich mit dem Aufkommen der naturwissenschaftlichen Methode vollzog sich auch die *Loslösung der Gesellschaft aus der bisher vom Glauben und vom kirchlichen Leben geprägten Kultur.* Die gesellschaftlichen Bereiche verselbständigten sich, Glaube und Kirche erschienen als ein Bereich neben vielen anderen.
Man bezeichnet diesen Vorgang als Säkularisierung der Gesellschaft. Wirtschaft, Schule und Erziehung, Wissenschaft und Politik gewannen ihre Eigenständigkeit. Diese Säkularisierung muß nicht gegen Glaube und Kirche gerichtet sein. Die moderne Sozialverkündigung der Kirche bekennt sich zur »Autonomie der irdischen Wirklichkeiten«. Problematisch wirkte es sich jedoch aus, daß die Verselbständigung der Kultursachbereiche mit der Preisgabe des inneren Zusammenhangs mit dem Glauben einherging, daß aus der relativen Autonomie eine totale, daß aus der Säkularisierung ein Säkularismus wurde. Unter diesem Vorzeichen geriet die Kirche, die im vorindustriellen Zeitalter – trotz aller Verstrickung in das Irdische – die große Mahnerin an das Ewige war, mehr und mehr an den Rand der Gesellschaft. Zwei Beispiele: An den Straßenkreuzungen werden heute keine Kapellen oder Wegkreuze mehr er-

richtet, sondern Tankstellen. Die menschliche Grenzsituation, die besonders in der Unerbittlichkeit des Todes aufscheint, wird in unserer Gesellschaft dem Blick entzogen und aus dem öffentlichen Bewußtsein verdrängt.

Damit wurde auch die Voraussetzung für den heutigen religiös-weltanschaulichen Pluralismus geschaffen. Er ist eigentlich nichts Neues für die Kirche. Im spätantiken Kulturraum herrschte ein so üppiger Pluralismus der Religionen und der Mysterienkulte, daß man geradezu von einem »religiösen Chaos« sprechen kann[4]. Aber jener Pluralismus war anderer Art als der moderne. Die spätantike Welt war von einer dichten religiösen und metaphysischen Atmosphäre erfüllt, während der moderne Pluralismus eher die religiöse Gleichgültigkeit und den Indifferentismus fördert. Die verschiedenen Weltanschauungen konkurrieren miteinander. Über die Schule und die Massenmedien, über die tagtägliche Begegnung mit anderen Vorstellungen und Auffassungen wird die eigene Überzeugung leicht relativiert. Geistig-religiöse Schonräume werden frühzeitig zerstört, und bereits Kinder sind schweren sittlichen und religiösen Belastungen ausgesetzt.

Ein weiteres Kennzeichen der Industriekultur ist die ungeheure Dynamik der Entwicklung und ihre Auswirkung auf das religiös-sittliche Bewußtsein. Überall dort, wo bisher gültige Lebensordnungen durch die Ergebnisse der Forschung verändert oder in Frage gestellt werden, tritt das Problem neuer Normbildung auf. Die Wissenschaftler erwarten eine Antwort auf die ethischen Implikationen ihrer Forschung. Die Kirche als traditionelle Instanz der Normerschließung wird dabei nicht selten auch von jenen Wissenschaftlern, die ihr glaubensmäßig fernstehen, zur Stellungnahme aufgefordert. Da die neuen Verhältnisse auch die Kirche vor zum Teil völlig neuartige Fragen stellen, ist sie ihrerseits selten in der Lage, durch die Wiederholung

einer alten Wahrheit allein die Richtung zu weisen.
Die Aufgabe besteht darin, die Verbindung von überzeitlich gültiger Norm mit einer zeitgebundenen Problemlösung aufzuweisen. Ein erster Schritt auf dieses Ziel hin könnte darin bestehen, den Sinn für den Wahrheitsanspruch der Theorie beziehungsweise für theoretische Wahrheit wiederzuerwecken. Wenn Wahrheit als menschlicher Wert wiedererkannt und anerkannt wird, öffnet sich vielleicht auch ein neues Verständnis dafür, daß Wahrheit ein Name Gottes ist. Der Glaube läßt sich nur als Einheit von Praxis und Theorie, aber in der Wahrheit verstehen. Dies gilt einmal in Hinsicht auf die unauflösliche Verbindung von religiöser Überzeugung und sozialem Handeln, aber auch, wenn man die im Glauben sich vollziehende Hinnahme geschenkter Einsicht, die Hinwendung zu Gott in der kontemplativen Erwartung einer erfüllenden Schau bedenkt. In dieser Perspektive erscheint die Schau, das heißt die »Theorie« des Glaubens, zugleich als intensivste Praxis. Sie kann daher die Erkenntnis neu beleben, daß zum menschlichen Handeln und zum menschlichen Lebenssinn »Theorie« als Verhältnis zu einer vorgegebenen Wahrheit gehört. Ein solches Selbstverständnis ist offen für den Glauben und macht vom Glauben her zur Wahrheit frei. Es wirkt mit, Denken und Tun in eine humane Ordnung einzufügen.
In der Industriegesellschaft haben sich ferner die Lebensvollzüge aus den primären Ordnungen der überschaubaren und erlebbaren Gemeinschaften der Familie, der Nachbarschaften, der Zünfte und der noch verhältnismäßig kleinen Stadt zunehmend in die *Großstrukturen der sekundären Systeme verlagert.* Der Mensch wird häufig nicht mehr als ganzer, sondern nur noch in einer jeweils verschiedenen Rolle erfaßt: etwa als Patient, als Belegschaftsmitglied, als Sozialversicherter, als Mieter oder als Freizeitkonsument. Er wird in bestimmte, von ihm unabhängige Kreisläufe einge-

fügt. Es werden ihm fertige Schemata bereitgestellt, so daß er in Gefahr gerät, schablonisierte Verhaltensweisen und genormte Gesinnungen zu übernehmen und in einem hintergründigen Sinn sich selbst entfremdet zu werden.

Diese Entwicklung des Industriezeitalters hat der amerikanische Soziologe David Riesman in seinem Buch »Die einsame Masse« als einen Übergang vom »traditions-« über den »innengeleiteten« zum vorwiegend »außengeleiteten« Menschen dargestellt[5].

Daß heute wieder rückläufige Bewegungen zu verzeichnen sind, daß individuell Widerstand geleistet wird – die Wohnflucht aus den Ballungsräumen, der Ruf nach mehr »Lebensqualität«, die Forderung nach Humanisierung der Gesellschaft gehören hierher –, dies alles darf als erfreuliches Zeichen dafür gelten, daß der Mensch ein Wesen ist und bleibt, das die Sehnsucht nach der Anerkennung seiner einzigartigen Persönlichkeit in sich trägt. Es ändert freilich wenig an den Grundlagen und am Fortbestand des »industriellen Systems«. In diesem System können Glaube und religiöses Bekenntnis, die ja den Menschen in seinem Innersten fordern, wie Fremdkörper wirken.

Schließlich hat sich in der Industriegesellschaft im Bewußtsein vieler Menschen auch deshalb ein tiefgehender Wandel vollzogen, weil weithin die *materiellen Lebensumstände* höher geschätzt werden als die geistig-sittlich-religiösen Werte. Dies dürfte zum Teil auch mit der Eigenart der industriellen Produktionsweise zusammenhängen. Die Industrie produziert sozusagen nicht auf eine gegebene Bedarfslage hin. »Die Produktion schafft die Bedürfnisse«, sagt Henry Ford. Mit anderen Worten: Die Herstellung neuer Produkte wird im allgemeinen nicht mehr durch die Nachfrage der Verbraucher bestimmt, vielmehr ist es umgekehrt. Der technisch-industrielle Fortschritt entwickelt die neuen Produkte, um sie dann mit allen Mitteln der Werbung

auf den Märkten abzusetzen. Die Produktion ist nicht mehr in der gleichen Weise wie früher auf den bedürfenden Menschen hingeordnet, sie gewinnt eine selbständige Rolle.
Sicher wäre es falsch, einem allgemeinen Konsumverzicht oder gar einer Konsumverweigerung das Wort zu reden, die schwere Wirtschaftskrisen nachziehen müßte. Es fragt sich vielmehr, ob der Mensch von seinem Selbstverständnis her dem materiellen Lebensstandard einen so hohen Stellenwert einräumen darf, daß die menschlichen Werte im Bereich des Kulturellen, nicht zuletzt die Würde der Person und das Verhältnis des Menschen zu Gott vernachlässigt werden. Auch in bezug auf die Güterproduktion und das Marktgeschehen stellt sich neu die Frage wirklicher Wohlfahrt, nämlich die eines sinnvollen Gebrauches der Freiheit in der Wahl der benötigten Güter.
All diese Grundzüge der modernen Gesellschaft haben jenen Säkularismus und jenen aus Gleichgültigkeit entstehenden praktischen Atheismus gefördert, der heute in Europa grassiert. Aus der Säkularisierung wird, wo die Einheit der menschlichen Kultur nicht mehr gewahrt und die Verbindung der Lebensgebiete mit dem Glauben nicht mehr gesichert ist, ein *Säkularismus,* der den Glauben an Gott, den Schöpfer und Erlöser, aus der Gesellschaft verdrängt und das Diesseits absolut setzt. In der französischen Religionssoziologie wird die Säkularisierung folgerichtig als »déchristianisation«, als Entchristlichung bezeichnet[6]. Hier liegen auch die Wurzeln der sogenannten »kirchendistanzierten Religiösität«, die »religiös ohne Kirche« sein möchte[7]. Gemeint ist, daß der Mensch nicht mehr primär nach der religiösen Wahrheit fragt, auch nicht nach den geoffenbarten Wahrheiten, wie sie die Kirche lehrt, sondern daß er sich nach seinem subjektiven Gefühl gleichsam seine eigene Religion zurechtschneidert, vielleicht unter Auswahl der Stellen der Bibel, die ihm zusagen.

Auf dem Boden des Säkularismus und der dadurch bedingten radikalen Relativierung von Religion und Glaube entstanden aber auch die modernen Ideologien, auf deren Markt ein großes Angebot, aber ein noch größerer Verschleiß herrscht. Es gibt kaum einen Teilbereich im menschlichen Leben, der nicht schon einmal zum »Sinn« der Geschichte erklärt worden ist. Die Ideologien erheben nicht nur einen Anspruch auf umfassende Sinn- und Welterklärung, ja auf Erlösung; sie sind häufig mit einem totalen Herrschaftsdenken und einem unbändigen Sendungsbewußtsein verknüpft.

Als Ideologien, die im Verlauf der modernen politischen Revolution und industriellen Umwälzungen in Europa geschichtsmächtig geworden sind und die kirchlich-religiös zum Teil verheerende Auswirkungen hatten, sind zu nennen: der »terroristische« Demokratismus unter Robespierre, der seine religiös-ethische Grundlage negierende Nationalismus – der heute nicht selten in der Dritten Welt bedenkenlos Nachahmer findet –, der von einem Unterwerfungsdrang begleitete Imperialismus, der Faschismus. Viele von uns haben noch den auf einen biologisch-rassistischen Sendungsanspruch gegründeten und mit einer suggestiven Massentechnik arbeitenden Nationalsozialismus und das Leid, das er über uns gebracht hat, persönlich erlebt. Die marxistische Ideologie, die in der europäischen Aufklärung, im Hegelianismus und in einem säkularisierten alttestamentlichen Messianismus wurzelt, ist ein Anti-Evangelium, das auf der ganzen Welt nicht nur propagandistisch, sondern mit Gewalt verbreitet wird. Kennzeichen aller modernen Ideologien ist ihr praktischer oder theoretischer Atheismus sowie ihre Stoßrichtung gegen den christlichen Glauben und die von ihm bezeugte Auffassung vom Menschen und einer humanen Gesellschaft.

Säkularismus und Atheismus wenden sich aber nicht nur gegen das Christentum, sondern zugleich gegen jene Grundlagen, die die Seele Europas geprägt haben und die auch heute für die Einheit Europas unverzichtbar sind.

III. Teil: Die politische und gesellschaftliche Verantwortung der Kirche und der Christen für Europa

Es erhebt sich die Frage, ob die tiefe *Identitätskrise* der europäischen Gesellschaft und Kultur, die durch die Katastrophen der beiden Weltkriege, durch die faschistisch-nationalsozialistische Epoche, durch eine auf weite Strecken transzendenzvergessene, ja transzendenzunfähige Zivilisation und durch die fortdauernde Bedrohung durch den atheistischen Kommunismus offenkundig geworden ist, ob diese Krise nicht gerade eine Folge davon ist, daß der gemeinsame *christliche Ursprung* verdrängt oder als belanglos angesehen wurde, anstatt Ansporn zu einer stetigen geistig-sittlichen Erneuerung zu sein. Das Christentum hat diesen Kontinent mit seinem Geist durchdrängt und einheitsstiftend gewirkt, so verschieden auch die Bausteine sind, aus denen sich Europa zusammensetzt. Die Einheit Europas wird davon abhängen, ob sich die Menschen und Völker jener Kraft wieder bewußt werden, die ihre Geschichte prägte und die zugleich über sie hinausweist. Die Päpste haben sich für dieses Anliegen eingesetzt. Erinnert sei an den Aufruf Papst Pauls VI., »die christliche Seele Europa wiederzuerwecken, den Boden, in dem seine Einheit Wurzeln schlägt«[8]. Die Kirche vermag in dem religiös-weltanschaulichen Pluralismus, der für die europäische Lebensform charakteristisch ist, nur in dem Maße gegenwärtig und wirksam zu sein, wie das »Zeugnis der Christen« reicht. Fehlt dieses Zeugnis, so dringen in das Bewußtsein der Menschen und in die geistigen Nischen der modernen Zivilisation andere

Kräfte ein. Das Zeugnis der Kirche und der Christen zielt auf dynamische Verwirklichung. Es gilt nicht nur abzuwarten, Wirkungen nachzulaufen, zu bewahren, sondern offensiv und konstruktiv neue Ursachen zu setzen. Die Kirche und die Christen haben für Europa eine politische und gesellschaftliche Verantwortung.

Zur Orientierung lassen sich zwölf Punkte nennen:

1. Die Christen weisen von ihrem *Glauben* her den Machtanspruch jeder *Ideologie* zurück. Wir haben im letzten Jahrzehnt in den westlichen Industriegesellschaften eine Renaissance des Marxismus und Neomarxismus erlebt. Nach der Auffassung von Marx ist der Mensch sich selbst das höchste Wesen. Er ist sein eigener Schöpfer und Erlöser, ohne auf Gott angewiesen zu sein. Die Religion erscheint als das »Opium des Volkes«, das vernichtet werden muß, um zum »wahren« Humanismus zu gelangen. Dieser Humanismus ist grundsätzlich atheistisch.

Der Atheismus wird auch im Neomarxismus im Prinzip nicht aufgegeben. Die Formel vom »Opium des Volkes« kehrt hier in dem Vorwurf wieder, daß die Religion den Kitt der »kapitalistischen Klassengesellschaft« bilde. Zugleich wird versucht, den Glauben von Kirche und Religion zu trennen. Der Glaube wird auf die Dimension eines gesellschaftlichen Protests verkürzt. Die Interpretation geht aber noch darüber hinaus: Jesus erscheint in dieser Perspektive als der erste wahre Humanist, weil er Atheist geworden sei, indem er sich zum Gott ernannte.

Eine solche Auffassung vom Menschen, von der Religion und vom biblisch geoffenbarten Glauben ist mit der christlichen Lehre unvereinbar. Die Religion ist weder ein Produkt sozialer Prozesse noch eine Sublimierung menschlicher Unzulänglichkeit. Der christliche Glaube ist keine Ansicht wie andere auch. Er ereignet sich, indem wir uns Jesus Christus, der für uns der Weg, die Wahrheit und das Leben ist, ohne Vorbehalt zuwenden. Im auferstandenen Christus erschließt sich uns eine Zukunft, die jenseits aller vorausschauenden, verrechenbaren und durch menschliches Planen lenkbaren Zukunft liegt. Die marxistische Prognose von einem kommenden, rein diesseitigen, religionslosen kommunistischen Paradies ist eine säkularisierte Pseudo-Eschatologie.

2. Die in jüngster Zeit in der Bundesrepublik Deutschland geführte Auseinandersetzung über die *Grundwerte* besitzt eine über die nationalen Grenzen hinausreichende Bedeutung. Ohne die Anerkennung sittlicher Grundwerte in Staat und Gesellschaft wird ein geeintes und freiheitliches Europa nicht möglich sein. Es geht hier nicht um die Frage, kirchliche Sonderinteressen durchzusetzen. Eine politische Ordnung ohne Übereinstimmung in den fundamentalen Werten zerfällt. Die Diskussion um den Paragraphen 218 hat gezeigt, daß wir uns über grundlegende Normen leider nicht mehr einig sind.
Es gehört zu den vornehmsten Aufgaben des Staates, Menschenwürde, Gewissensfreiheit und Toleranz zu gewährleisten. Toleranz ist nicht nur gegenüber den Einzelnen, sondern auch gegenüber Gruppen und Gemeinschaften zu wahren. Der Christ wird im Andersdenkenden keinen Feind, sondern einen Mitbruder sehen. Er weiß auch, daß außerhalb der Kirche »vielfältige Elemente der Heiligung und der Wahrheit zu finden sind« (Lumen Gentium, 8). Inmitten des modernen Pluralismus sucht die Kirche nach dem Verbindenden. Sie bekennt, »daß alle Menschen, Glaubende und Nichtglaubende, zum richtigen Aufbau dieser Welt, in der sie gemeinsam leben, zusammenarbeiten müssen« (Gaudium et Spes, 21). Aber allen Menschen müssen

die Grundwerte heilig sein, um deren Verankerung in Gott der Christ weiß.

3. Die Kirche und die Christen treten für die *Menschenrechte* ein, nicht weil es opportun ist, sondern weil es vom Evangelium geboten wird und der Mensch ein Geschöpf Gottes ist, dem das Recht auf Leben, Freiheit und Gerechtigkeit eingestiftet ist. Die Berufung auf die Menschenrechte darf nicht zu einem politischen Propagandamittel entwertet werden.
Die Gewissens-, Glaubens- und Religionsfreiheit gehört zu den elementaren Rechten des Menschen. Sie leitet sich von seiner Personwürde ab. Es ist ungeheuerlich, in welcher Weise in Ländern, die unter dem System eines militanten Atheismus stehen, heimlich oder offen die Kirche und die Christen bekämpft werden. Eltern, die ihre Kinder zum Glauben erziehen wollen, werden unter Strafandrohung gestellt. Gläubigen werden eine höhere Ausbildung und soziale Aufstiegsmöglichkeiten verwehrt, ja ihres Glaubens wegen verlieren sie Arbeit und Brot. Diese arrogante Anmaßung des atheistischen Systems verneint die Menschenwürde; sie widerspricht zudem den »Prinzipien über die friedliche und vertrauensvolle Zusammenarbeit in Europa«, die in Helsinki im Jahre 1975 von 35 Staaten feierlich vereinbart worden sind.

4. Die Anerkennung letzter sittlicher Werte und Ordnungen ist zugleich die Voraussetzung für die *internationale Versöhnung* und für den *Frieden.* Die Christen bejahen die »Entspannungspolitik«, wenn sich dahinter nicht ein anderer Name für Machtpolitik verbirgt. Sie treten für eine Entspannung zwischen den Machtblökken ein, die es nicht bei Konferenzen und Verträgen auf Regierungsebene bewenden läßt, sondern das Recht auf Freizügigkeit für Personen, Ideen und Informationen überall verwirklicht, so daß sich die Völker unmittelbar

begegnen können. Auf diese Weise würde sich eine Chance für eine allseitige, gleichzeitige und kontrollierte Abrüstung eröffnen, da der Friede nur auf der Grundlage eines gegenseitigen Vertrauens gesichert werden kann. Die gewaltigen Summen, die für das Wettrüsten ausgegeben werden, könnten eine wirksame Hilfe für die in Armut lebenden Völker sein.

5. Der *Terrorismus* ist eine der bedrückendsten Erscheinungen der europäischen Gegenwart. Er kehrt rücksichtslos zu den Mitteln der Gewalt zurück. Das Leben wird verhöhnt. Der Tod wird als politische Waffe eingesetzt. Wie konnte es dazu kommen? Über die geistigen und gesellschaftlichen Ursachen des Terrorismus wurde bereits viel nachgedacht, geredet und geschrieben. Auch die deutschen Bischöfe haben sich mehrmals damit befaßt und sich im April dieses Jahres zu den »Ursachen des Terrorismus und den Voraussetzungen seiner Überwindung« geäußert. In dieser Erklärung wird als das Grundproblem »die Not der Freiheit« herausgestellt. Die menschliche Freiheit ist vor die Alternative gestellt, entweder ihre Abhängigkeit von Gott anzuerkennen oder sich selbst zu zerstören: »die Abhängigkeit der Freiheit von Gott bedeutet zugleich Anerkenntnis von Maßstäben und Werten, über die wir nicht selbst verfügen können, bedeutet Ehrfurcht vor dem Menschen und vor aller Schöpfung und schließlich auch das Ja zu einer konkreten geschichtlichen Ordnung in Gesellschaft und Kirche«. Nur »in dem Maße, wie Christen und Kirche das Evangelium als Alternative vorleben, kann eine Erneuerung des Menschen, der Gesellschaft und der Kirche gelingen«.

6. Entscheidend wird es für Europa sein, ob Ehe und Familie als Grundform menschlicher Daseinsverwirklichung von allen, insbesondere von der jungen Generation bejaht und von Gesellschaft und Staat geschützt und gefördert werden.

Weder der Staat noch die Gesellschaft können die Familie ersetzen. Sie ist der zweite geistige Schoß, in dem das Kind zur sittlichen Persönlichkeit heranwachsen soll. In der Familie eignet sich der Mensch jene sozialen Tugenden an, ohne die keine Gesellschaft bestehen kann: Liebe zum Nächsten, Rücksichtnahme, Verträglichkeit, Gerechtigkeit, Solidarität, Pietät, Verantwortung. Die Familie ist der Ort für die Überwindung des Denkens in den Kategorien von Kampf und Gewalt. Für die meisten Menschen fallen hier religiöse Entscheidungen, die für ihr ganzes Leben bestimmend sind.
Obgleich die fundamentale Bedeutung einer intakten Familie jedem vernünftigen Menschen einleuchten müßte, wird diese heute zum Experimentierfeld außengesteuerter Prozesse herabgewürdigt, ohne daß ihre unverzichtbare nicht-ökonomisierbare Leistung – wie übrigens auch die der Hausfrau und Mutter – eine angemessene staatliche und gesellschaftliche Anerkennung findet. Hier gilt es, eine Bewußtseinsänderung herbeizuführen, der allerdings auch die unterstützenden gesetzgeberischen Maßnahmen folgen müssen.

7. Die Ideologisierung der öffentlichen Bereiche hat sich besonders im Schul- und Erziehungswesen ausgewirkt. Unsere Eltern haben zunehmend die Gefahr erkannt, die von Rahmenrichtlinien ausgehen, denen ein angeblich neues Menschen- und Gesellschaftsbild zugrundeliegt, die aber in Wirklichkeit ideologisch bestimmt sind. Es bedarf der ständigen Wachsamkeit der Christen, damit auch der nachwachsenden Generation die bleibenden Werte wahrer Humanität erschlossen werden.
Dabei ist daran zu erinnern, daß der Staat zwar eine wichtige Aufgabe auch im Bereich von Schule und Erziehung hat, daß es aber kein Schulmonopol des Staates gibt. Gerade unsere europäischen Nachbarn Belgien,

Frankreich und Italien sind uns in den Erfahrungen eines Schulwesens in freier Trägerschaft voraus. Die katholischen freien Schulen in unserem Lande, die sich eines wachsenden Ansehens erfreuen, müssen darauf achten, daß sie eine den ganzen Menschen prägende christliche Erziehung gewährleisten, die jungen Menschen zur geistigen Auseinandersetzung mit den verschiedenen Ideologien befähigen und Stätte einer auch institutionell abgesicherten Einübung in Gewissensverantwortung und Toleranz bleiben.

8. Die Christen dürfen sich im Kampf für die *soziale Gerechtigkeit* und *im solidarischen Verhalten* von niemand übertreffen lassen. Zwei Anliegen sind vordringlich: das der *Arbeitslosigkeit* und das der *ausländischen Arbeitnehmer.*

Besonders bedrückend ist die nunmehr schon Jahre andauernde Arbeitslosigkeit. Die Arbeitslosenzahl im Raum der Europäischen Gemeinschaft beträgt 5 bis 6 Millionen. Die Überwindung der Arbeitslosigkeit wird nur gelingen, wenn wir alle solidarisch dazu beitragen. Es darf keine neue Klassengesellschaft entstehen, nämlich zwischen denen, die arbeiten wollen und einen Arbeitsplatz haben, und denen, die gleichfalls arbeiten wollen, aber keinen Arbeitsplatz finden. Unter den Arbeitslosen befinden sich zahlreiche Jugendliche. Wir dürfen es nicht zulassen, daß eine beruflich, gesellschaftlich und menschlich verlorene Generation entsteht. Darüber hinaus müssen Anstrengungen unternommen werden, um in Europa das Gefälle zwischen Wohlstand und Armut abzubauen. Damit würde dem Klassenkampfgedanken entgegengewirkt und dem innereuropäischen, sozialen Frieden gedient.

In der Bundesrepublik sind heute rund 6,5 Prozent der Einwohner Ausländer, von denen 800000 schon mehr als zehn Jahre in Deutschland leben. Hier noch von »Gastarbeitern« zu reden, ist eine gefährliche Verharmlosung der damit gegebenen menschlichen, kulturellen, wirtschaftlichen und politischen Probleme. Wir werden uns darauf einrichten müssen, daß die Bundesrepublik ein Land von Minoritäten – auch religiösen – wird, die wir als eigenständige Gruppen nicht nur zur Kenntnis, sondern auch ernst zu nehmen haben. Die ausländischen Arbeitnehmer und ihre Familien haben einen Anspruch auf Entfaltung ihrer Traditionen und Sitten. Sie bedürfen vielfältiger Eingliederungshilfen, wie dies etwa nach dem Kriege für die Flüchtlinge und Vertriebenen notwendig gewesen ist. Es kommt darauf an, Initiativen im Bereich der Erziehung und der beruflichen Ausbildung der jungen ausländischen Generation zu ergreifen. Angesichts der Tatsache, daß von den im Jahr 1977 in der Bundesrepublik geborenen 582 348 Kindern 78 406 von ausländischen Müttern stammen, wird deutlich, wie groß die Aufgaben sind, die sich uns stellen.

9. Ein Europa, das lediglich das Produkt eines technokratischen oder pragmatischen Denkens wäre, hätte keinen Bestand. Einheit heißt hier nicht Gleichschaltung. Im Gegenteil, nivellierende Gleichschaltung zerstört die Einheit. Darauf hat schon der große Europäer des Mittelalters, Thomas von Aquin aufmerksam gemacht[9]. Europa wird in seiner kulturellen Vielfalt bestehen bleiben müssen oder sein Gesicht verlieren. Wie im nationalen Bereich, so gilt es auch im europäischen Rahmen die Eigenart der Volksgruppen sowie der Traditionen und der verschiedenen religiösen Ausprägungsformen zu schützen. Auf diese Weise erst wird der kulturelle Reichtum Europas und seine Lebensfülle in die Zukunft hinein fruchtbar gemacht werden können.

10. Das Konzil hat die *Kirche das »Zeichen und Werkzeug« der Einheit* (Lumen gentium, 1) genannt: dies

sowohl hinsichtlich der Vereinigung der Menschen mit Gott als auch hinsichtlich des Zusammenlebens in der menschlichen Gesellschaft. Europa zählt 251 Millionen Katholiken, 116 Millionen Protestanten und 134 Millionen orthodoxe Christen. Damit die Chancen für den Aufbau eines freiheitlichen, vom Christentum geprägten Europas nicht vertan werden, muß die Zusammenarbeit noch enger werden: zwischen den Bischofskonferenzen und den katholischen Laienorganisationen aller europäischen Länder, zwischen den katholischen, evangelischen und orthodoxen Christen, zwischen den Politikern und der Kirche, zwischen der Kirche und den europäischen Einrichtungen, zwischen der Kirche und den mit europäischen Fragen befaßten Wissenschaftlern sowie mit allen Menschen, die guten Willens sind. Die Gründung des »Rates der europäischen Bischofskonferenzen« (1971), das »Wort zu Europa«, das die europäischen Bischöfe im Sommer letzten Jahres veröffentlicht haben und das ökumenische Treffen der europäischen Kirchen im April 1978 in Chantilly dürfen hier als hoffnungsvolle, wenn auch bescheidene Ansätze gewertet werden.

11. Die Rolle, die ein geeintes Europa in der Welt spielen wird, ist noch ungewiß. Die Auswirkungen des europäischen Kolonialismus dauern auch nach seinem Zusammenbruch fort. Aber die europäischen Völker können aus ihrer Weltverantwortung nicht entlassen werden.

Die *Länder der Dritten* Welt haben wir als gleichberechtigte, in Solidarität verbundene Partner anzuerkennen. Es wird eine Aufgabe der europäischen Christen sein, auf die abträglichen Folgen einer unkritischen Übernahme westlicher Verhaltensmuster und einer einseitig materiell ausgerichteten Kultur hinzuweisen. Die »umfassende Entwicklung des ganzen Menschen und der ganzen Menschheit« steht auf dem Spiel. Gerade im

Hinblick auf das spirituelle Erbe der asiatischen und afrikanischen Völker können die Europäer auch Lernende und Empfangende sein. »Ein verkürzter Humanismus, der die Augen vor den Werten des Geistes und vor Gott, ihrer Quelle und ihrem Ursprung, verschließt« (Populorum progressio, 42) wird kaum die geistig-sittlichen Energien entbinden können, die zur Verwirklichung eines weltweiten Gemeinwohls nötig sind.

12. Im Gefolge der industriellen Revolution wurde eine gewaltige zivilisatorische Leistung vollbracht, deren Fortbestand für unser Leben unerläßlich ist. Dennoch wird heute deutlich, daß der technische Fortschritt, getragen von einer aufklärerisch-optimistischen Vernunft, an die Grenzen seiner Dynamik stößt. Es schlägt nun auf uns zurück, daß wir in Europa mit den zur Verfügung stehenden irdischen Gütern, den Bodenschätzen und unserer Umwelt allzu leichtfertig umgegangen sind. Um der *ökologischen Bedrohung* zu entgehen, wird ein grundlegendes Umdenken, eine Umorientierung unseres Wertbewußtseins notwendig sein. Die Christen sind hier besonders aufgerufen, die neuen Lebensformen einer freiwilligen Selbstbegrenzung einzuüben. Dies kann nicht ohne die Rückbesinnung auf die Kreatürlichkeit des Menschen und seinen Schöpfungsauftrag geschehen[10]. In diesem Sinne erhält die christlich-monastische Lebensregel des »ora et labora« eine ganz neue Aktualität: Machet euch die Erde auf gottgefällige Weise zu einem menschenwürdigen Lebensraum.
Die Bereitschaft und der Wille, Europa zu bauen, hatten nach den Erschütterungen des Zweiten Weltkrieges die Menschen, insbesondere die Jugend dieses Kontinents erfaßt. Diese Begeisterung ist heute nicht mehr spürbar. Die Bürger verfolgen eher mit Teilnahmslosigkeit die schwierigen und langwierigen Bemühungen

der Politiker, der Einheit näher zu kommen. Was wir brauchen, ist eine neue Bewegung für Europa. Sie kann nur entfacht werden, wenn die angestrebte Einigung mehr bietet als Wirtschaftsgüter und Subventionen. Die Besinnung auf das, was die Seele Europas ausmacht und Hoffnung der ganzen Welt schenken kann, tut not: nämlich auf das vom christlichen Glauben bezeugte Verständnis vom Menschen und einer humanen Gesellschaft. Es ist höchste Zeit, daß die Christen in Europa erkennen, wie unverzichtbar ihr Beitrag ist.

Anmerkungen

1 Franz Schnabel, Der Aufstieg der modernen Technik aus dem Geiste der abendländischen Völker, in: Franz Schnabel. Abhandlungen und Vorträge 1914–1965, hg. v. Heinrich Lutz, Freiburg – Basel – Wien 1970, S. 245 f.

2 Robert Spaemann, Überzeugungen in einer hypothetischen Zivilisation, in: Abschied von Utopia? Anspruch und Auftrag der Intellektuellen, hg. v. Oskar Schatz, Graz 1977, S. 311 ff.

3 Joseph Höffner, Kirche und Wissenschaft, in: Das Jahr des Bischofs, zu seinem 70. Geburtstag ausgewählt und hg. v. Wilhelm Mogge, St. Augustin 1976, bes. S. 140 ff.

4 Karl Prümm, Religionsgeschichtliches Handbuch für den Raum der altchristlichen Umwelt. Freiburg/ Br. 1943, S. 823.

5 David Riesmann, Die einsame Masse, Reinbek bei Hamburg, 1958.

6 Jean Delumeau, Le christianisme va-t-il mourir?, Paris, Hachette, 1977, bes. S. 190 ff. Vgl. Joseph Höffner, Industrielle Revolution und religiöse Krise. Schwund und Wandel des religiösen Verhaltens in der modernen Gesellschaft, in: Arbeitsgemeinschaft für Forschung des Landes Nordrhein-Westfalen. Geisteswissenschaften, H. 97, S. 9 ff.

7 Religiös ohne Kirche? Eine Herausforderung für Glaube und Kirche, hg. v. Karl Forster i. A. des Zentralkomitees der deutschen Katholiken, Topos-Taschenbücher, Bd. 66, Mainz 1977.

8 Paul VI. an die Teilnehmer des 3. Symposions der europäischen Bischöfe, 18. Oktober 1975.

9 Thomas von Aquin: »omnes cantantes in una voce: iam non erit symphonia et consonantia vocum« (In 2. Pol., lect. 5).

10 Karl Lehmann, Kreatürlichkeit des Menschen als Verantwortung für die Erde, in: Internationale Zeitschrift 7 (1978) H. 1, S. 38 ff.

Anton Rauscher

Aus der Diskussion

Neben zusätzlichen Informationen über die politischen Verhältnisse und über die Einstellungen der Christen in Italien und Frankreich konzentrierte sich die Diskussion der einzelnen Referate auf eine ganze Reihe von Fragen. Einige Problemfelder sollen hier in geraffter Zusammenfassung dargelegt werden.

Im Anschluß an das Referat von *Prof. Rohrmoser* wurde die Frage erörtert, ob nicht die Kritische Theorie selbst Ansätze zu einer neuen Ethik enthalte, die sich in wichtigen Stücken mit der christlichen Ethik treffen könnte. In der Tat kranke die Kritische Theorie an ihren wirksam gewordenen Konsequenzen, indem sie einerseits entgegen ihren Absichten zum Ausbruch in die Irrationalität geführt habe und andererseits die von ihr geweckten Hoffnungen infolge ihrer grundlegenden Prämissen nicht einlösen konnte. Denn die intendierte Aufhebung menschlicher Selbstentfremdung gelinge nicht in dem vor allem von Habermas festgehaltenen historisch-materialisischen Interpretationskontext. Dieses Scheitern der Kritischen Theorie an dem selbstformulierten Anspruch auf Radikalität eröffne ohne Zweifel interessante Möglichkeiten für ein Gespräch mit der christlichen Position. Diese dürfe allerdings der Kritischen Theorie nicht gleichsam von außen entgegengesetzt oder an ihr vorbei bezogen werden. Vielmehr komme es darauf an zu zeigen, daß die christliche Ethik gerade von jener Radikalität bestimmt sei, welche die Kritische Theorie wegen ihrer Materialismusthese nicht erreichen könne.

Bei Habermas selber allerdings seien solche Ansätze bisher nicht erkennbar. Nicht umsonst habe er sein letztes Buch unter dem Titel »Rekonstruktion des historischen Materialismus« veröffentlicht. Darin nehme er das traditionelle Gefüge des historischen Materialismus auseinander, löse es in seine Elemente auf und versuche diese zu einer neuen Komposition zusammenzufügen. Habermas sei historischer Materialist und wolle auch nichts anderes sein. Seine Originalität liege in der Entwicklung neuer Strategien, und da sei er erstaunlich erfinderisch.

Zur Thematik des Referates wurde noch vermerkt, daß »Revolution als anthropologisches Prinzip« eine brillante Formulierung des Wesens der Kulturrevolution darstelle. Die Veränderung der Gesellschaft würde nämlich nicht von ihren Strukturen her in Angriff genommen, sondern vom Menschen selbst her, der unter den Strukturen leiden müsse. Allerdings beinhalte die Proklamation der Revolution als anthropologisches Prinzip die Selbstliquidation des traditionellen Marxismus im Neomarxismus. Karl Marx hätte nie auf einen solchen Gedanken kommen können, dafür sei er zu lange Schüler Hegels gewesen.

Im Zusammenhang mit der Kulturrevolution stelle sich auch die Frage nach dem wirtschaftlichen Wachstum. Müssen wir heute nicht völlig umdenken und deshalb auch zu einer Neuorganisation der Gesellschaft kommen, die nicht mehr vom Wachstum beherrscht werde? Gewiß sei die Phase des konstanten und permanenten Wachstums vorbei. Man müsse jedoch sehen, daß die Bundesrepublik Deutschland noch auf lange Zeit zum Wachstum verurteilt sei, weil es dazu keine Alternative gebe, die politisch durchgesetzt werden könnte. Das bedeute freilich nicht, daß wir uns nicht Gedanken darüber machen müßten, anstelle des bisherigen quantitativen Begriffs von Wachstum zu einer neuen Definition von Wachstum einer humanen Gesellschaft zu gelangen.

Der revisionistische Sozialismus sei außerordentlich rührig im Ausdenken von allerlei Modellen, aber es

fehle ihm die Kraft, einmal durchzudenken, was ein qualitativer Wachstumsbegriff wirklich beinhalte. Der Zwang zum Wachstum hänge ja nicht einfach nur von den »kapitalistischen« Eigentumsstrukturen ab, entscheidend sei hier die Frage nach den Bedürfnissen der Menschen. Das habe der Neomarxismus erkannt, der diese als Ausdruck eines Manipulationsmechanismus der Gesellschaft »demaskieren« und »entlarven« wollte. Gerade deshalb aber blieb er in seiner Wirkung auf die kulturellen Institutionen und auf die arbeitenden Menschen begrenzt; er konnte zwar in den Schulen und Universitäten Einzug halten, aber die kulturelle Enteignung der deutschen Facharbeiter sei ihm nicht gelungen. Die Arbeiter hätten kein Verständnis für die von Intellektuellen betriebene Zerstörung der kulturellen Grundtugenden des Fleißes, der Ehrlichkeit, der Fairneß, der Kompromißfähigkeit, der Ordnungsliebe, welche der Neomarxismus als dekadente Produkte der »spätkapitalistischen Gesellschaft« entwerte, und sie lassen sich auch nicht ihre Bedürfnisse verordnen.
Im Hintergrund tauche hier die Wahrheitsfrage auf, nämlich nach der Unterscheidung zwischen wahren und falschen Bedürfnissen, eine Frage, welche die sich liberal nennende Gesellschaft wie der Teufel das Weihwasser fürchte. Gibt es Bedürfnisse, die der Verwirklichung der wahren Natur und Bestimmung des Menschen dienlich und förderlich sind und andere, die den Menschen davon abdrängen, ja seine Natur pervertieren? Natürlich muß hier die vom kritischen Rationalismus Poppers und von den Anhängern einer offenen Gesellschaft beschworene Gefahr gesehen werden: Würde jemand aufstehen und verkünden, er sei im Besitz der Wahrheit, die ihm auch die Unterscheidung zwischen wahren und falschen Bedürfnissen gestatte, so könnte das totalitäre Konsequenzen haben. Auf der anderen Seite: Der Anspruch, daß es eine Wahrheit gibt, aufgrund deren man zwischen wahren und fal-

schen Bedürfnissen unterscheiden kann, sei so alt wie die abendländische Philosophie. Und auch für eine christliche Sozialtheorie sei dieser Anspruch unverzichtbar. Wir sollten diese Kernfrage stellen, ihre Legitimität wieder zur Anerkennung bringen und sie nicht – aus Furcht vor möglichen totalitären Konsequenzen – anderen, den Neomarxisten überlassen. Dabei sei der Bedürfnisbegriff kritisch zu hinterfragen, vor allem im Hinblick auf die »abstrakte Unendlichkeit«, die auch den Wachstumsfetischismus begünstigt habe.
Es wurde auch die These von der Entstaatlichung der Politik aufgegriffen. Während in den freiheitlichen Gesellschaften wie in der Bundesrepublik die gesellschaftlichen Mächte immer stärker und der Staat und seine Institutionen immer schwächer würden, sei in Italien eine positive Wendung der kommunistischen Partei hin zum Staat zu beobachten. Dies sei wohl auf den Einfluß Antonio Gramscis zurückzuführen, der durch seine Kenntnis und Auseinandersetzung mit dem Werk Benedetto Croces auf dem Boden der deutschen idealistischen Staatsphilosophie gestanden und die Rolle des Staates in einer Weise betont habe, die der marxistischen Theorie völlig fremd war. In der Bundesrepublik hingegen sei die neomarxistische Deutung am Werk, die dem Staat keine eigene Identität und geistig-sittliche Autorität mehr zubillige, sondern ihn lediglich zu einer Funktion der Gesellschaft degradiere. Unter diesen Umständen gelinge es ideologisch aufgeheizten gesellschaftlichen Gruppen, den Staat immer mehr seiner Legitimation als Garanten der Zukunftssicherung zu berauben, was in den vielfältigen Demonstrationen und Zerstörungen zum Ausdruck komme. Die Christen und die christlichen Kirchen seien herausgefordert, von der christlichen Ethik her das Eigengewicht des Staates wiederzubegründen. Leider befinde sich die evangelische Kirche, die aus ihrer Tradition ein eminentes Bewußtsein vom Staat entwickelt habe, in einer Krise, und

auch die katholische Kirche könne ihren Beitrag nur leisten, wenn sie den in den letzten Jahren eingetretenen Verfall des naturrechtlichen Denkens überwinde.
Mit der konservativen Variante der europäischen Kulturrevolution, wie sie von den italienischen Kommunisten vertreten werde, beschäftigten sich auch verschiedene Beiträge zum Referat von *Prof. Rosa.* Zeige das Eintreten der KPI für den Staat, für Ehe und Familie, für die Gesundung der Wirtschaft nicht doch einen grundlegenden Wandel im »Eurokommunismus« an? Zunächst, wurde erwidert, müsse man genau zusehen, welche Kultur die Kommunisten im Sinn hätten, wenn sie sich zu ihr bekennen. Die kulturellen Institutionen würden bestenfalls als »laikale« Institutionen bejaht, wobei das italienische Wort »laico« sehr häufig das beinhalte, was im Deutschen mit dem Begriff »laizistisch« bezeichnet werde. Schon von daher ergäbe sich ein von der christlichen Auffassung höchst unterschiedliches Verständnis etwa von Ehe und Familie.
Hinzu komme etwas anderes. Wenn die Kommunisten in Fragen wie der Ehescheidung oder der Abtreibung den Eindruck erwecken konnten, als gebe es eine Annäherung an die katholischen Positionen, so wäre es ein arges Mißverständnis zu meinen, dies sei ein Anzeichen für einen grundsätzlichen Wandel. Die Kommunisten seien in praktisch-politischen Entscheidungen Opportunisten – und zwar aus Überzeugung. Sie schlagen diejenigen Wege ein, die ihnen am ehesten die Erreichung ihrer Ziele ermöglichen. Sie wüßten, daß sie in Italien die kulturelle Hegemonie nur erlangen können, wenn sie für immer mehr Katholiken und für die Kirche »akzeptabel« werden. Dem strategischen Ziel ordnen sie ihre Taktik unter.
Aber, so wurde eingewandt, gibt es in Italien nicht Kommunisten, die gleichzeitig praktizierende Katholiken sind? Auf der unteren Ebene der Partei sei dies sicherlich anzutreffen, auf der höheren und selbst der

mittleren Ebene jedoch nicht. Die führenden Leute seien Atheisten, auch wenn sie darüber vielleicht nicht offen sprechen. Im übrigen müsse immer die Partei als Ganzes gesehen werden, die nach wie vor auf den Prinzipien der materialistischen Weltanschauung aufruhe. Was schließlich das Bekenntnis der italienischen Kommunisten zur Demokratie, zum Mehrparteiensystem, zu den parlamentarischen Institutionen angehe, so werde dies unglaubwürdig, wenn zugleich betont werde, noch wichtiger als das Parlament sei die organisierte Massenbewegung. Gerade dadurch werde aber eine freiheitliche Demokratie unterlaufen. Man betreibe ein Doppelspiel, wenn man einerseits vergebe, Demokratie zu wollen, andererseits auf die organisierte, das heißt von der Partei organisierte Massenbewegung setze, weil letztere die personale Freiheit aufhebt und zerstört.

Neben den historischen Aspekten im Verhältnis der französischen Katholiken zu Staat und Politik, wie sie *Prof. Rovan* beleuchtet hatte, interessierte vor allem die im Vergleich zur Bundesrepublik anders gelagerte Einstellung und Haltung der Katholiken zum Marxismus und Sozialismus. Was die kritische Auseinandersetzung mit dem Marxismus betrifft, so werde in den einschlägigen Werken unterschieden zwischen der sogenannten marxistischen Analyse, die nur ein beschränkt verwendbares Hilfsmittel zur besseren Erkenntnis der gesellschaftlichen Wirklichkeit sei, und dem ideologischen System, das eine pseudowissenschaftliche, totalitäre und jede Transzendenz leugnende innerweltliche Doktrin darstelle und deshalb abgelehnt werde. In der Diskussion mit den Katholiken komme es heute darauf an, diesen fundamentalen Unterschied zur Geltung zu bringen und der Versuchung entgegenzuwirken, die marxistische Weltanschauung zu übernehmen und sie mit dem Christentum in Einklang bringen zu wollen. Dies bedeute, daß zum Beispiel der Klassenkampf zwar als eine Teilwirklichkeit akzeptiert werde, daß aber die eigentlich marxistische Position, wonach der Klassenkampf die einzige Möglichkeit für das Verständnis der gesamthistorischen Wirklichkeit sei, zurückgewiesen werden müsse. Diese These blieb nicht unwidersprochen, weil schon der Begriff »Klassenkampf« eben nicht nur das Vorhandensein von starken sozialen Spannungen ausdrücke, sondern den geschichtsphilosophischen Gehalt des Marxismus impliziere. Wenn der Marxist von Klassekampf spreche, dann wolle er damit nicht eine konkrete Situation konstatieren, vielmehr begreife er ihn als Moment der notwendigen Entwicklung der Gesellschaft bis hin zum Sozialismus. Aber könne man einen Begriff umgehen, der zwar leider vom Gegner aufgezwungen worden sei, der aber heute in Frankreich zum sprachlichen Allgemeingut gehöre? Viel wichtiger als der Sprachgebrauch sei die Ein- und Abgrenzung, also die Definition von »Klasse«; hier müsse die Klärung gegenüber der marxistischen Begriffsbestimmung erfolgen.

Ähnlich wie bei der Kommunistischen Partei Italiens sei auch in Frankreich davon auszugehen, daß die Parole vom Eurokommunismus keine wirkliche Wandlung der Partei beinhalte. Man habe eben gemerkt, daß man sich andere Kleider anziehen müsse, wenn man weiterkommen wolle. Aufmerksamkeit verdiene ein anderes Phänomen. In der KPF sei die Aufenthaltsdauer durchschnittlich sehr gering. Die große Zahl der Mitglieder bleibe nur wenige Jahre, offenbar deshalb, weil es ihnen darin nicht gefällt. Dies war der Partei durchaus angenehm, da auf diese Weise einerseits immer neue Bürger zu ihr stoßen, die auch nach dem Austritt meist kommunistisch wählen, da andererseits diese Rotationsgeschwindigkeit es dem Führungsapparat gestatte, ohne innere Widerstände seinen Willen durchzusetzen. Bei den jungen Leuten, die jetzt in die Partei strömen, sei dies anders. Sie entstammen einer permissiven Gesellschaft und ebenso kritisch, wie sie sich ihrem Vater oder anderen Autoritäten gegenüber verhielten, würden sie auch Herrn Marchais und den kommunistischen Funktionären entgegentreten. Die KPF vom Typ einer stalinistischen Kaderpartei werde deshalb in wachsendem Maße vor innere Schwierigkeiten gestellt sein.

Die empirische Bestandsaufnahme des französischen Katholizismus, wonach sich ein Drittel nach links, ein Drittel nach rechts orientiere, gab zu der Frage Anlaß, ob das verbleibende Drittel in der Mitte auf die Dauer nicht zu schwach sei, um die auseinanderstrebenden Kräfte zusammenzuhalten. Hier müsse man jedoch bedenken, daß die Linkskatholiken nicht in einen Topf geworfen werden dürfen, weil für die Sozialisten und für die Kommunisten zu stimmen keineswegs dasselbe sei. Überhaupt sei die politische Wirklichkeit nicht durch eine Dreiteilung, sondern durch eine Vierteilung bestimmt. Für die Demokratie in Frankreich sei es lebenswichtig, ob die Polarisierung in Schach gehalten werde und eine tragfähige Balance von linker und rechter Mitte entstehe.

Leider spielt der europäische Zusammenhang im politischen Leben Frankreichs eine geringe Rolle. Es gebe jedoch für die französische Linke zwei Ausnahmen: Man interessiere sich brennend für die Entwicklung in Italien, und man benutze die Bundesrepublik, um ein »faschistoides« Zerrbild aufzubauen.

Letzteres geschehe aus dem Grunde, weil man beweisen möchte, daß das Zusammenspiel von liberalem Kapitalismus und reformistischer Sozialdemokratie nicht funktionieren könne, weil es nicht funktionieren darf. Auf diese Weise hoffe man, um die Option für einen sozialdemokratischen Sozialismus herumzukommen.

Der Vortrag von *Prof. Utz* machte die Notwendigkeit einer wissenschaftstheoretischen Begründung der christlichen Sozialethik und -lehre deutlich, gerade um den sozialistischen Konzepten gegenüber eine positive Orientierung aufzeigen zu können. Diese Begründung dürfe nicht einfach in Bibeltexten gesucht werden, die oft genug dazu herhalten müßten, um etwa wie bei Gruppierungen der »Christen für den Sozialismus« als Alibi zu dienen, sozusagen als christliche Garnierung einer im Kern ganz anders gearteten Doktrin. Diese Grundlage stehe und falle mit der Möglichkeit der christlichen Philosophie. Die katholische Kirche habe stets daran festgehalten, daß die Frage nach der Existenz Gottes nicht etwa zum »außerwissenschaftlichen« und in diesem Sinne rein religiösen Bereich gehöre, daß der Mensch vielmehr Gott als Schöpfer mit seiner Vernunft erkennen könne – die entscheidende Ausgangsposition christlicher Philosophie. Dort, wo diese in Zweifel gezogen oder abgelehnt werde, sei es konsequenter, Marxist zu werden, als sich auf die verwässerte Autonomie der Vernunft Kantscher Prägung einzulassen.

Ein Philosoph wie Sartre habe klar gesehen, daß es eine Sozialethik mit überindividuellen Normen nicht geben kann, wenn nicht ein Wesen vorausgesetzt wird, das diese Normen konzipiert hat. Sowohl bei den Liberalen als auch bei den Marxisten, die eine transzendente Verankerung menschlicher Kultur abweisen, gebe es im Grunde keine überindividuelle Normen, weshalb sie ständig in Gefahr sind, entweder in die Anarchie oder in die Diktatur abzugleiten. Hier liege der radikal verschiedene Ansatz der christlichen Philosophie und auch der christlichen Soziallehre.

Aber wie ist es um die christliche Soziallehre in den verschiedenen Ländern Europas bestellt und wäre sie in der Lage, eine gemeinsame Basis der Verständigung zu schaffen? In den Antworten auf diese Frage wurde das Dilemma sichtbar, in das uns der Niedergang der christlichen Philosophie geführt hat. Natürlich gebe es die Dokumente der kirchlichen Soziallehre, aber werden sie noch verstanden und gelebt? In Italien habe auf dem Gebiet der Soziallehre in den letzten zwanzig Jahren ein Vakuum geherrscht. Heute kristallisierten sich zwei Gruppen heraus. Die einen, die dem Sozialismus in seinen verschiedenen Spielarten zuneigen, vertreten die Meinung, daß es eine wirkliche Soziallehre der Kirche nicht gebe, da die Kirche für die gesellschaftlich-politischen Probleme nicht zuständig sei. Bei den anderen, deren Zahl im Steigen begriffen sei, könne man ein wachsendes Interesse beobachten, ein Suchen nach christlichen Antworten auf die Probleme der Zeit. In der Auseinandersetzung mit den Kommunisten, die ja ihre Doktrin haben, werde die Notwendigkeit eines geistigen Standorts empfunden.

Für Frankreich wurde die Ansicht geäußert, daß dort die katholische Soziallehre auf schwachen Füßen stehe. Bis hinein in den Episkopat sei die Überzeugung weit verbreitet, daß die Aufgabe der Kirche einzig die Verkündigung der Botschaft Jesu Christi für alle Menschen sei, daß sie aber keine Soziallehre verbindlich vorlegen könne. Mit Rücksicht auf den gesellschaftlichen Pluralismus und in Achtung vor der Freiheit und Verantwortung des Menschen unterstütze die Kirche kein bestimmtes sozioökonomisches System. Natürlich müßten die christlichen Philosophen, Nationalökonomen usw. über diese Dinge nachdenken und die Gläubigen informieren, aber eben nicht die Kirche als solche.

Was die Lage auch für den französischen Episkopat, der in den letzten Jahren zum Teil gegenläufige Erklärungen abgegeben habe, so schwierig mache, sei ohne Zweifel die im Katholizismus eingetretende Polarisierung, auch die höchst divergierenden Meinungen, die von den Theologen produziert würden. Aus diesen Gründen sei es zweifelhaft, ob den bischöflichen Verlautbarungen der Charakter von lehramtlichen Äußerungen zukomme; sie seien viel eher Dokumente pastoralen Bemühens. Aber es wäre falsch, aufgrund dieser schwierigen Verhältnisse in Frankreich überhaupt die Möglichkeit einer katholischen Soziallehre in Frage zu stellen. Im Gegenteil: Die Tatsache, daß die Kirche in allen Jahrhunderten in sehr vielfältiger Weise zu sozialen Problemen Stellung bezogen hat, sei nur erklärbar, wenn sie über eine entsprechende Lehre verfüge. Auch heute könne, wenn man die Gesamtkirche sehe, von einer Abstinenz in gesellschaftlichen Ordnungsfragen nicht die Rede sein. Insofern bleibe die Möglichkeit, ja die Notwendigkeit christlichen Ordnungsdenkens aktuell, unbeschadet der Bandbreite für das praktische Handeln der Christen.

Auch in Spanien sei die katholische Soziallehre und das Bewußtsein um ihre Grundsätze unterentwickelt, obwohl es eine Vielzahl von sozialen Aktivitäten der Kirche gebe. Problematisch seien auch gewisse theologische Strömungen, die entweder eine Soziallehre zurückweisen oder die aus dem Evangelium eine soziale Heilslehre machen möchten.

Die Schwierigkeiten, mit denen die katholische Soziallehre konfrontiert ist, können auch, so wurde bemerkt, mit dem Mißverständnis zusammenhängen, dem eine Aussage des II. Vatikanischen Konzils ausgesetzt sei. Es habe betont, daß Gott den Menschen das Heil anbietet, unabhängig von den politischen und sozialen Verhältnissen, unter denen sie leben, und daß die Kirche sich mit jeder menschlichen Kultur verbinden könne. Daraus dürfe jedoch nicht, wie das biswielen geschieht, der Schluß gezogen werden, daß der christliche Glaube jedem sozioökonomischen System sozusagen »neutral« gegenüberstehe, auch einer kommunistischen Gesellschafts- und Wirtschaftsverfassung. Der Glaube dränge nämlich zu einer Verwirklichung dessen, was mit dem Begriff »christliches Menschen- und Gesellschaftsverständnis« gemeint ist. Ebensowenig wie es eine atheistische Kultur, welche die Offenheit für Transzendenz ausschließt, geben könne, ebensowenig seien Gesellschaft und Wirtschaft »beliebig« gestaltbar, wenn sie der Würde des Menschen gerecht werden sollen. Hier läge der Zusammenhang etwa mit der Grundnorm der Subsidiarität oder mit der Einrichtung des Privateigentums.

Zu den Autoren

Dr. phil. Günter Rohrmoser, Professor für Sozialphilosophie, Religionsphilosophie an der Universität Stuttgart-Hohenheim.

Dr. Luigi Rosa, Professor für Ethik und Sozialphilosophie, Mailand.

Dr. Joseph Rovan, Professor für Germanistik an der Universität Paris-Vincennes.

Don Jesús Iribarren, Rodríguez, Sekretär der Spanischen Bischofskonferenz, Madrid.

Dr. theol. Arthur F. Utz, em. Professor für Ethik, Sozialethik und Rechtsphilosophie an der Universität Fribourg.

Joseph Kardinal Höffner, Erzbischof von Köln, Vorsitzender der Deutschen Bischofskonferenz.

Dr. theol., lic. phil. Anton Rauscher, Professor für Christliche Gesellschaftslehre an der Universität Augsburg; Direktor der Katholischen Sozialwissenschaftlichen Zentralstelle Mönchengladbach.